KB053541

불편할 준비

불편할 준비

페미니즘을 찾아가는 다섯 개의 지도

초판 1쇄 발행 2018년 12월 10일

지은이 · 이은의, 윤정원, 박선민, 은유, 오수경
발행인 · 표완수
편집인 · 김은남

펴낸곳 · ㈜참언론 시사IN북
출판신고 · 2009년 4월 15일 제 300-2009-40호
주소 · 100-858 서울시 중구 중림로 27 가톨릭출판사빌딩 신관 3층
주문전화 · 02-3700-3256, 02-3700-3250(마케팅팀), 02-3700-3255(편집부)
주문팩스 · 02-3700-3209
전자우편 · book@sisain.kr
블로그 · book.sisain.co.kr

ISBN 978-89-94973-46-3 03300

이 도서의 국립중앙도서관 출판예정도서목록(CIP)은 서지정보유통지원시스템 홈페이지(http://seoji.nl.go.kr)와
국가자료공동목록시스템(http://www.nl.go.kr/kolisnet)에서 이용하실 수 있습니다. (CIP제어번호: CIP2018036012)

불편할 준비

페미니즘을 찾아가는 다섯 개의 지도

이은의

윤정원

박선민

은유

오수경

내 몫으로 주어진 싸움을 피하지 않겠다

출근길 신호등 앞에 서 있었다. 웬 아저씨가 귀에다 대고 소리를 질렀다. "가슴통 한 번 쥐고 싶다!" 놀란 와중에도 당장 내 옷부터 점검했다. 청남방, 면바지, 운동화…… 곧 신호가 바뀌었고, 그가 내게 물리적 위해를 가한 것도 아니어서 도망치듯 길을 건넜다. '그래, 이거보다 더한 일도 수없이 겪었잖아. 괜찮아, 아무것도 아니야.' 스스로를 다독였다. 얼마 뒤 '강남역 사건' 취재차 통화하던 분에게 대수롭지 않다는 듯 그날의 경험을 말했다. "이런 '사소한 일'을 우리는 너무 많이 겪는 것 같아요." 그분이 정색하며 이렇게 답했다. "그거 아무것도 아닌 거 아니야. 사소하지 않아." 속수무책 눈물이 났다.

2016년 5월 17일 서울 강남역 사건이 발생한 주에 휴가 중이었다. 밤늦게 인천공항에 도착했을 때 후배의 다정한 문자가 도착했다. "선배, 늦게 다니지 말아요." 나는 이렇게 답했다. "아니야, 여자도 늦게 다닐 수 있고, 그래도 안전해야 한다고 계속 주장해야지. 우리가 숨으면 안 돼." 그렇게 답하면서도 서울의 공기가 목을 조이는 듯했다. 집으로 돌아가는 버스에서 편집국장에게 메시지를 보냈다. 관련 기사가 들어가는지 궁금했다. 경찰조사 발표가 날 때까지 '신중하게' 지켜봐야 한다는 답이 돌아왔다.

걸음마를 시작하면서부터 '조심하라'는 당부를 듣고 자랐다. 무슨 일이 생기면 그건 다 내가 조심하지 않아서 초래된 결과로 돌아왔다. "나 때문일까"라며 먼저 자책했다. "좀 조심하지"라는 타인의 말을 들으며 '내 잘못'으로 단정 지었다. 그러나 조심하고 또 조심해도 사고는 생겼다. 살아갈수록 '살아남았다'라는 감각만 자꾸만 선명해졌다. 그저 운이 좋아서라고밖에는 설명할 수 없었다. 셈하기도 귀찮은 언어적·물리적 성추행과 성폭행을 당하고도, 어쨌든 운이 좋아서 나는 아직 살아남았다. 강화길의 소설 〈다른 사람〉(한겨레출판, 2017)을 읽었을 때 이 문장 앞에 붙들렸던 것도 그 때문이리라. "우리는 여자애들이었다. 해도 되는 것보다 해서는 안 되는 것들을 더 많이 배운 여자애들. 된다는 말보다 안 된다는 말을 더 많이 듣고 자란 여자애들."

페미니즘을 만나면서 나와 내 주변에서 벌어진 일에 대해 설명할 언어를 얻었다. 페미니즘은 내게 입이 되어주고, 목소리가 되어주었다. 그렇게 페미니스트로 스스로를 정체화하고 10여 년을 넘게 보낸 나 역시도 강남역 사건을 기점으로 많은 것이 변했다. 내 뒤에 오는 여성들이 나보다는 덜 울퉁불퉁한 길을 걷길 바라게 됐다. 내 몫으로 주어진 싸움을 피하지 않겠다고 다짐했다.

그날 이후 내가 속한 매체가 갖고 있는 지면 권력을 어떻게 사용할 것인가가 숙제처럼 나를 따라다녔다. 필자를 구성할 때 한 번도 주요 고려 사항이 되지 못했던 성별을 고민하게 됐다. 남성 필자 일색의 지면에 한 번도 의문을 갖지 않을 수 있었던 건 무엇 때문이었을까. 페미니즘 이슈를 거의 매주 회의 테이블로 들고 갔다. 사드나 국정원 이슈가 중요하지 않다고 생각해서는 아니었다. 다만 페미니즘 이슈의 중요성이 덜하다고 생각하지 않았다. 그러나 꽤 자주 과잉이고, 유난이고, 반복이고, 심지어 '위험'하다고 판단되었다. 록산 게이는 〈나쁜 페미니스트〉(사이행성, 2016)에 이렇게 쓴다. "여성의 삶이 숫자나 통계상으로 개선되었다는 의견에는 잘못된 점이 없으나, 이 정도면 충분히 나아졌다는 주장은 잘못되었다. 우리가 더 이상 (젠더와 관련한) 대화를 하지 않아도 될 때까지 노력하라. 변화에는 의도와 노력이 필요하다"

2017년 2월 〈시사IN〉에 연재를 시작한 '불편할 준비'는 그러한 노력과 고민 끝에 만들어졌다. 필자를 구성하는 일도, 편집국을 설득하는 일도 쉽지는 않았다. '8년 차 커리어를 걸고 만들었다'는 말이 아주 우스갯소리는 아니었다. 첫 필자 모임에서 '매주 쓸 게 있을까요?'라던 우리의 질문은 처음부터 기각됐다. 아이템은 넘쳐났다. 각을 세우고 보니 이 나라는 '여성은 국민이 아니다'라는 걸 매일같이 확인시켜주는 일투성이였다. 서로를 응원하는 마음으로 우리는 매주 썼다. 아무리 써도 바뀌지 않아서, 계속 쓸 수밖에 없었다.

2018년 5월에는 연재 코너 제목과 같은 이름의 유료 강연을 매주 열었다. '불편할 준비' 필자를 비롯한 〈시사IN〉 여성 필자들이 강사로 나섰다. 이 책은 그 결과물이다. 나 역시 최근 쏟아지는 페미니즘 이슈 관련 책들을 보면서 한 번에 많이 먹어 체할 것 같은 기분이 들곤 했다. 이 책 역시 당신 책상 위에서 '그렇고 그런' 페미니즘 책 취급을 받을지도 모르겠다. 다만, 강의가 끝나고 후기를 받았을 때 수강생들이 입을 모아 '한 차례 강연으로만 끝내기에는 정말 아까운 이야기들이다'라고 했던 말에 의지해본다. 성폭력·몸·정치·글쓰기·대중문화를 페미니즘의 눈과 언어로 다시금 살펴보고 질문했던 경험이 여기 있다. 변호사 이은의, 산부인과 전문의 윤정원, 국회의원 보좌관 박선민, 작가 은유, 자유기고가 오수경 다섯 필자의 목소리가 그 질문의 답을 찾아가는 각각의 지도가 되어줄 것이다.

장일호(〈시사IN〉 기자)

＊강연 녹취는 김남영 씨가 수고해주셨습니다.

| 차례 |

─◦◆◦─ 제1강 ─◦◆◦─

직장 내 성폭력에
대처하는 법

이은의(변호사)

"그래도 널 제일 덜 만지잖아"

오늘은 적당한 수의 청중분들을 상대로 강의를 하게 됐네요. 요즘에는 주로 기업의 관리자분들을 대상으로 강의를 하고 있는데, 오랜만에 이런 아담한 규모의 강연장에 오니 서로의 느낌까지 그대로 전해지는 것 같아 좋네요. 다른 강의에서는 못 한 얘기들도 많이 하게 될 것 같습니다.

먼저 제가 쓴 두 권의 책을 소개해드릴게요. 〈삼성을 살다〉(2011, 사회평론)는 제 첫 번째 책이고, 〈예민해도 괜찮아〉(2016, 북스코프)가 두 번째 책입니다. 제가 올해 마흔다섯 살인데, 1993년에 대학에 들어가 졸업한 뒤 12년 9개월간 삼성에 다녔어요. 그 기간 동안 '삼성을 살다' '직장을 살다' '대한민국을 살다'라는 의미로 책 제목을 〈삼성을 살다〉로 지었죠. 그 뒤로는 삼성과, 그리고 세상과 싸움을 하게 되면서 '예민한 걸로 밥 먹고 사는 이은의가 됐다'라는 의미로 두 번째 책 제목은 〈예민해도 괜찮아〉로 지었고요. 이렇게 쓰다 보니 20대와 30대, 40대까지의 제 얘기를 죽 정리하게 됐네요.

다음으로는 제가 고른 세 장의 사진을 보여드릴게요. 첫 번째는 이른바 '미투'를 하게 됐을 때 상황이에요. 당시 〈한겨레〉가 보도했던 제 사진입니다. 두 번째는 소송에서 이기고 엄마와 여행하면서 찍은 사진이에요. 세 번째는 〈프레시안〉에서 팟캐스트 녹음하며 찍은 사진이네요.

먼저 첫 번째 사진부터 볼까요? 2007년 여름에 찍은 사진인데요. 이야기는 2005~2006년으로 거슬러 올라가요. 당시 제가 당한 성희롱은 상대적으로 그리 큰 사건은 아니었어요. 오히려 선배들이 이렇게 말하는 사건이었죠. "너를 제일 덜 만져." "그런데도 제일 덜 만지는 년이 지랄이야"(웃음).

당시 제가 다니던 삼성전기는 전자 부품을 만드는 제조업체였어요. 주로 남성 관리자와 고등학교를 나와 입사한 여성 생산직과 서무직, 이렇게 세 부분으로 나뉜 구조였죠. 제가 입사한 1998년에만 해도 대졸 여성은 거의 찾아볼 수가 없었어요. 제가 처음에 몸 담았던 부서가 해외 영업 파트였는데, 회사에 백 명이 넘는 해외 영업 직원이 있었지만 대졸 여성 직원은 거의 찾아보기가 어려웠죠. 제가 처음 배치된 미구주 수출 파트에도 대졸 여성은 저 혼자였어요.

저는 2002년에 대학원 진학을 이유로 휴직했다가 2003년 여름에 복직했어요. 그때는 서른이 넘었죠. 그런데 20대 때 만난 회사와 30대 때 만난 회사는 좀 다르더라고요. 이를테면 선배들이 주로 하는 얘기가 "왜 시집을 안 가?" "남자가 없어?" "집안 형편이 어려워?" 뭐 이런 말들이었어요. 짜증을 내면 또 노처녀가 히스테리 부린다는 식의 반응이 돌아왔고요. 뭐랄까, 약간 퇴물 취급을 받기 시작한 거죠.

그때부터 여성 의식에 조금씩 눈을 뜨기 시작했던 것 같아요. 차별이 사람을 만드니까요(웃음).

복직해보니 부서장이 바뀌었더라고요. 능력은 있는 분이었는데 한 가지 결정적인 흠이 '만지는 거'였어요. 오고 가면서 자꾸 등을 만지고, 브래지어 끈 지나가는 부분에 손바닥을 대더라고요. 만지는 게 너무 싫어서 등을 의자에 딱 붙이고 초식동물처럼 촉각을 곤두세우고 있으면, 이번에는 머리카락을 어루만져요. 머리카락을 묶으면 목을 만지고요. 이런 일들이 일 년간 반복됐어요(청중 한숨). 선배들한테 얘기했더니 선배들 하는 말이 "널 제일 덜 만지잖아"였어요(청중 더 큰 한숨). "(그렇게 자꾸 문제 삼으면) 대졸 여사원 까칠해서 못 받는다는 소리 나와. 그러니 참아. 곧 부서 이동이 있을지도 모르니까." 그렇게 일 년이 지나간 거예요. 그때만 해도 직장 내 성희롱이라는 개념이 없었던 거죠. 회사에서 하는 성희롱 예방 교육이란 게 형식적으로 이루어질 때가 많아서 교육을 받아도 아무 개념이 없었던 거예요.

성희롱 문제 제기하자 회사가 왕따 시켜

그러다 마지막 출장을 갔을 때 '이건 아니다'라고 느끼게 됐어요. 당시 부장이랑 상무를 모시고 헝가리, 슬로바키아, 독일을 도는 출장을 가게 됐는데, 첫 번째로 간 지역에서부터 부장이 제

엉덩이를 툭툭 치더니 귀에 바람을 훅 불어넣으면서 "상무님, 잘 모셔" 하더라고요. 뭘, 어떻게 모셔야 잘 모시는 건지 잘 모르기도 했거니와, 그걸 묻기도 전에 부장은 바람과 함께 사라졌어요. 독일 프랑크푸르트에 도착해서는 바닥이 나무로 돼 있는 가라오케에서 저녁을 먹게 됐죠. 음악이 흘러나오고 사이키 조명이 돌아가기 시작하니까 부장이 제게 브루스를 추자며 손목을 잡아끌었어요. 저는 "싫어요" 하면서 끌려 나가지 않으려 안간힘을 썼죠. 그러다 보니 제가 온몸으로 가라오케 바닥을 쓰는 사태가 벌어지고 만 거예요. 결국 브루스는 추지 않았지만 저녁 자리는 당연히 썰렁해졌죠. 그날 호텔로 돌아온 뒤 로비에서 30분 동안 욕을 먹었어요. 요지는 이랬어요. "여사원으로서의 의전이 부족하다!"

도대체 여사원으로서의 의전이란 게 뭘까요? 당시 그분이 예로 든 건 아침에 상냥한 목소리로 모닝콜을 해준다거나, 같이 아침을 먹어준다거나 하는 거였어요. 어차피 여사원이라 내 짐도 들어줄 수 없을 텐데 이 정도는 해야 하는 거 아니냐, 뭐 그런 식이었죠. 이런 비난을 받으면서 제 머릿속엔 계속 의문이 일었어요. '네 짐을 왜 내가 들어야 하지?' 하는 생각도 들었고요.

회사에 돌아온 뒤 바로 이 일을 알렸죠. 그런데 회사에선 계속 무시하는 분위기였어요. 차일피일 시간만 흘렀죠. 그렇게 6개월이 지나고, 제가 다시 문제를 제기했더니 부서 이동이 이뤄졌어요. 그 부서는 IR(투자관리) 부서로 제가 문제 삼은 가해자의 군대 후임이자 과거에 같은 사업부에서 함께 일했던 후배가 부서장으로 있는 곳이었어요. 그 부서장이 저를 보자마자 이렇게 얘기하더라고요. "네가 부서장 등에 칼을 꽂고 왔다는 이은의냐? 내가 너 때문에 회사를 나갈 것 같다." 여러분이 지금 보셔도 제가 눈치가 빨라 보이진 않잖아요(웃음). 그때는 더 눈치가 없었어요. 그래서 이렇게 대꾸했죠. "하하하, 제가 그 이은의가 맞습니다. 잘 지내보죠. 회사 오래 다니실 것 같네요"(청중 폭소).

그 뒤 일 년 동안 제게 일이 주어지지 않았어요. 성희롱 문제를 제기한 뒤 진급에서 한 번 누락되었는데, 부서 이동 후 제게 일을 안 주는 바람에 진급에서 또 한 번 누락되었죠. 이렇게 회사에서 압박을 가해오니까 더 이상 문제 제기를 하기가 어렵더라구요. 처음에는, 아까 말씀드린 대로 직장 내 성희롱이라는 개념 자체를 몰라서 오랫동안 말을 못 하다가, 문제 제기를 하고 난 뒤 회사에서 대응하는 걸 보고 '아, 이게 바로 직장 내 성희롱이로구나' 하고 깨닫게 된 겁니다.

회사에서 일 년 동안 일을 안 주니 자신이 없어진 거죠. '회사에 처음 얘기했을 때도 해결이 안 됐는데, 지금 말을 한다고 들어줄까?'에서부터 시작해 내가 당하고 있는 이른바 왕따 문제를 어떻게 설명해야 할지도 모르겠더라구요. '이렇게 자꾸 문제 제기를 하면 나를 문제 사원으로 생각하는 것 아닌가?' 하는 생각도 들었고요. 그러다 보니 점점 미궁에 빠져들더라고요.

제가 요즘 상담하면서 겪는 사례들도 크게 다르지 않아요. 그러니까 회사 내 왕따는 이런 겁니다. 일단 일을 안 줘요. 일을 주는 척하면서 잡일을 시키죠. 중요한 일은 시키지 않습니다. 인사고과에서 평가를 받을 만한 일은 주지 않는 거죠. 그리고 밥을 같이 먹지 않습니다. 부서장이 자리에 있을 때 다른 부서원들에게 제가 말을 시키면 다들 싫어하더라고요. "이 대리님, 메신저로 얘기해주시면 안 될까요?" 하면서요. 부서장이 저랑 얘기하는 걸 싫어하니까 눈치를 보는 거죠. 점심을 같이 먹으러 가지 못하는 건 당연하고요. 저녁에 회식 자리에 가도 부서장이 직원들에게 술을 따라주면서 저는 건너뛰는 식이에요. 이런 걸 회사에 어떻게 얘기해야 할지 모르겠더라고요. 너무 유치하잖아요.

벼랑 끝에 몰려 싸움을 시작하다

이런 일도 있었어요. 저와 생일이 비슷한 여성 사원이 있었어요. 제 생일이 약간 빨랐죠. 그런데 제 생일날 생일파티를 하겠다면서 회의실에 모이라는 거예요. 그래놓고는 다른 여성 사원 생일만 축하해줘요. 제가 이런 얘길 하면 '부서에서 당신 생일인 줄 몰랐겠지'라고 생각하시는 분들도 계실 거예요. 그럴 수가 없어요. 인트라넷으로 부서원 모두에게 한 달 내내 부서원 생일이 공지되거든요. 오히려 모르는 게 불가능합니다. 한마디로 '우리는 네 생일을 챙기지 않아'라는 메시지를 보란 듯이 전달한 거죠. 그렇다고 생일도 챙겨주지 않고, 술도 안 따라준다고 인사팀에 문제 제기를 하기도 그렇잖아요. 이쯤 되면 성희롱은 차라리 고

지하기 편한 일이었다는 걸 알게 되죠.

　그해 12월, 아버지가 갑자기 돌아가셨어요. 제가 2월에 부서 이동을 했으니 10개월 뒤의 일이었죠. 일주일간 상을 치르고 복귀하니 또 다른 사건이 터졌어요. 당시 제가 일과 후 인근 인력개발원에서 영어 수업을 듣는 프로그램을 신청해놨는데, 부서장이 그걸 반려했더라고요. 부서장 하는 말이 "너를 곧 다른 부서로 보낼 거다. 그래서 내가 이 교육을 승인하지 않았다. 네가 무슨 말을 하든 아무도 네 말을 믿어주지 않을 테니, 그냥 조용히 가라"는 거예요. 그 말을 듣는데 너무 비참했어요. 부서장은 여유 있게 얘기하는데, 저는 거의 패닉 상태였으니까요. 그렇잖아도 아버지가 갑자기 돌아가셔서 경황이 없는 사람한테 부서를 나가라니……

　하지만 더 이상 물러날 데가 없다는 생각도 들었어요. 이미 2년 동안 승진에서 누락되면서 이른바 '족보'가 꼬였잖아요. 동기는 물론 후배의 후배까지 진급했어요. 심신은 피폐할 대로 피폐해진 데다 경력도 단절된 상태였어요. 그래서 싸우게 된 거예요. 더는 밀려날 곳이 없어서. 엄밀히 얘기하면 성희롱 때문에만 싸우게 된 게 아니에요. 문제가 복합적으로 누적되고 또 누적되면서, 더는 밀려날 곳이 없어 싸우게 된 거죠. 세상 사람들이 제게 "어쩜 그렇게 큰 용기를 내셨어요?"라고 묻곤 하는데, 다시 말하지만 그게 아닙니다. 벼랑 끝에 몰려, 싸우지 않을 수가 없어 싸움을 시작하게 된 거예요.

그때부터 언론 취재에도 응하게 됐죠. 덕분에 제가 오늘날 '미투의 시조새'인 것처럼 나오곤 하는데(웃음), 저는 시조새가 아니에요. 원래 '서울대 우 조교 사건'이라고 불리는 신 교수 사건이 있었죠(1993년 서울대 화학과 우 아무개 조교가 이 학교 신정휴 교수에게 성희롱을 당했다고 고발했다가 6년간 법정 다툼을 벌인 사건으로, 한국 최초의 성희롱 민사 소송으로 분류된다). 다만, 우 조교가 마스크를 썼다면 저는 마스크를 벗었어요. 당시 저를 취재한 기자분이 물어보더라고요. 이름이랑 얼굴을 공개해도 되겠느냐고요. 제가 물었죠. "공개하면 뭐가 좋은가요?"라고요. 여러분 생각엔 뭐가 좋을 것 같나요? 이름이랑 얼굴을 공개하면 사람들이 더 믿어준대요. 그래서 제가 그랬어요. 그럼 공개하겠다, 대신 제일 예쁜 사진으로 나오게 해달라고요.

그만큼 전 절박했어요. 저로서는 명분이 그나마 저를 지켜주는 방패인데, 제가 이름과 얼굴을 공개해 사람들이 믿어주기만 한다면야 명분이 더 확실해질 것 같았어요. 사람들이 많이 지켜봐야 더 이상의 피해도 막을 수 있고요. 예쁜 사진을 얘기한 건 2차 피해를 막고 싶다는 생각에서였어요. 그때 제 나이가 서른네 살이었는데, 지금 생각하면 젊디젊은 나이지만, 당시로서는 제 나이가 엄청 많게 느껴졌어요. 그러면서 제 기사에 달릴 댓글들이 미리 걱정이 되는 거예요. '다 늙은 아줌마를 누가?' '부장이 미쳤나 봐, 손이 썩을 거야.' 뭐, 이런 댓글들이 달릴 것 같은데 이걸 방지하려면 예쁜 사진이 필요하겠다는 생각이 들었던 거죠. 그런데 나중에 지면에 최종 선택된 사진은 얼굴을 다 가린 사진이었더라고요(청중 웃음).

이처럼 저의 '미투'는 싸움의 도구이자 보호책으로 시작된 거였어요. 싸워야 하는데 더 밀려날 곳은 없고, 제 자신을 보호해야 하니까. 제가 보기에는, 요즘 일어나고 있는 '미투'도 크게 다르지 않습니다. 개중에는 '미투'에 나선 여성들을 보며 '무슨 목적이 있어서 저렇게 하는 걸 거야' '돈을 노리는 거겠지'라고 생각하는 분들도 있는데, 제가 볼 때, 피해자 입장에서는 싸움을 시작하기 전에 혼자이다 보니 두려움과 주저함이 앞서게 됩니다. 그렇다 보니 일단 자기 자신을 던지게 되는 거예요. '가해자가 비난받았으면 좋겠어' 하는 마음도 물론 있겠지만, 일반적으로는 이렇다는 거죠.

제가 긴 세월 싸우면서 한 가지 느낀 게 있다면, 사고를 크게 치면 아무도 안 건드린다는 거예요(웃음). 실제로 언론에 공개된 뒤 회사 생활이 많이 달라졌습니다.

그럴 수밖에 없는 게, 제가 문제 사원이잖아요. 제가 문제를 더 일으키면 해당 부서장이 곤란해지니까 건드리질 않더라고요. 덕분에 싸움에 전념할 수 있었어요. 일도 적게 주니 업무 시간 반은 업무를 위해 쓰고, 나머지 반은 나를 위해 쓸 수 있었죠. 내가 건 소송은 나를 위한 것뿐만 아니라, 회사를 위한 것이기도 하니 '당당하게 할 테다' 생각하고 이은의 업무팀, 이은의 법무팀, 이은의 홍보팀을 혼자 다 해냈습니다. 증서 수집하고, 보도

자료 쓰고, 그 보도자료를 받아 기사 써줄 만한 언론사나 언론인을 찾아 분류하고, 그 사람들한테 메일 보내고, 한 번이라도 기사 써준 사람이 있으면 따로 관리하고…….

회사 홍보팀은 부서 차원에서 더 열심히 할 테니까요.

그렇다면 이런 회사와 싸우고 있는 나는 어떻게 해야 하나? 어쨌거나 내 기사에 관심이 있는 기자는 내 편으로 만들어야 할 거 아녜요? 그렇다고 소위 의전, 접대 이런 걸 했다는 게 아닙니다. 그러고 보니 이 자리에 계신 장일호 기자는 그때 제가 만난 분인데, 제게 오히려 술을 사주고 가셨어요. 당시 〈시사IN〉 수습기자로 있으면서 수습 월급으로 삼성전기 이은의한테 맥주를 사주고 간 거죠(웃음). 그러니 우리 사이가 좋아질 수밖에 없었어요.

싸움에서 이기고 로스쿨에 진학하다

이런 시간이 지나 제가 행정 소송에서 승소 판결을 받은 게 2009년 가을쯤이었어요. 제가 보여드린 두 번째 사진, 엄마와 여행하면서 찍은 사진이 바로 그때 찍은 거예요. 그사이 우리 엄마는 많이 늙으셨죠. 소송이 끝난 뒤로도 저는 이겼다고 기뻐하며 막 나돌아 다니는데 엄마는 '막내 딸내미가 도대체 어쩌려고 저러나. 얼굴, 이름 다 공개해가면서……' 하고 걱정이 되었던 모양이에요. 그나마 다행인 건 엄마 주변에서 제가 이러는 걸 아무도 몰랐다는 거죠(웃음).

그때만 해도 싸움이 언제 끝날지 기약이 없었는데 그 뒤 인권 위원회에서도, 행정 소송에서도, 민사 소송에서도 제가 이겼습니다. 그러고 나니 이렇게 강의도 할 수 있게 되었네요. 회사 안에서도 응원하는 사람들이 많았어요. 제가 소송하는 동안 대놓고 증언해준 사람은 아무도 없었지만, "대리님, 힘내세요" "언니, 힘내세요" "언니 사건 이후로 ○○ 계열사에서 벌어진 사건은 회사가 빛의 속도로 처리해줬대요" 하는 얘기들이 들려오더라고요. 정말 힘이 났어요. 제가 싸움을 벌이는 내내 사람들한테 제일 많이 들은 얘기가 "어쩌려고 그래, 너 시집은 다 갔다" "어쩌려고 그래, 너 재취업은 다 했다" "어쩌려고 그래, 한국에서 살 수 있겠어?"였어요. 그런 얘기들이 저를 불안하게 할 때마다 자기 위안 삼아 또는 허세 삼아 제가 한 말이 있었어요. "내가 다 이길 거야. 그래서 돈도 많이 받고, 나가서 책도 쓸 거야." 그런데 그게 결국 이루어지더라고요(웃음). 하도 많이 떠들어댔더니 현실이 됐나 봐요.

소송에서 이길 때마다 회사 앞에서 인터뷰도 했어요. 방송 카메라가 돌아가는 앞에서, 제 얼굴과 이름 다 공개하고요. 제가 인터뷰를 할 때마다 회사 브랜드 가치가 떨어진다고 판단했는지, 회사는 항소를 하지 않았습니다.

제가 변호사가 돼 소송을 진행하다 보니 분명히 이길 만한 사실 관계와 증거가 충분한 소송인데도 가끔은 패소하는 경우가 있더라고요. 식상 내 성희롱이나 노동 사건 등 약자가 관련된 사건이나 정치 관련 사건에서는 특히나 법관의 성향이 영향을 미치는 경향이 있습니다. 오판을 내린다는 게 아니라 자신의 가치관에 준해 법을 해석하고 적용하는 경향이 있다는 거죠. 특히 성폭력 사건의 경우는 그런 일들이 매우 많습니다.

어찌 보면 저는 운도 좋았어요. 소송 사건을 잘 끝내고 회사를 나가겠다고 하니 "왜 나가려고 하느냐"라면서 회사가 저를 걱정하더라고요(웃음). 명예퇴직금 받고 희망퇴직 형식으로 회사를 나왔습니다. 제가 그만둘 때 소송에서 제가 거명했던 분들은 거의 다 사과를 했어요. 감사팀장, 감사부장, 인사팀장 등등 사장 빼고 전부 다요. 결국 회사를 나와 로스쿨에 가게 됐고, 오늘 이런 결과에 이르렀네요.

물론 이 모든 일을 저 혼자 이루어낸 건 아닙니다. 오늘 얘기하고자 하는 주제가 '직장 내 성폭력에 대처하는 법'인데요. 소송은, 싸움은 혼자 하는 게 아니에요. 지금 제게 사건을 맡긴 의뢰인이 한 분 계세요. 제가 했던 소송과 매우 유사한 소송을 하고 있는 분이죠. 그런데 1심에서 사실 관계나 증거들을 종합해 볼 때 상식적으로 납득하기 어려운 판결이 나왔어요. 이럴 경우 변호사가 보기에는 항소를 하는 게 맞습니다. 하지만 의뢰인 입장은 아니죠. 의뢰인들이 가장 많이 물어보는 게 "2심에 가면 이길 확률이 몇 퍼센트인가요?"예요. 과연 뭐라고 답할 수 있을까요? 49퍼센트라고 할까요, 51퍼센트라고 할까요? 사실 답해줄 수가 없는 질문입니다. 변호사로서는 몰랐던 불리한 증거들이 더 나올 수도 있고 또 여러 가지 변수가 생길 수도 있고요. 또 어떤 성향의 판사가 2심 판사로 배정될지 알 수 없으니까요. 그랬더니 의뢰인이 "1심에서 지면 2심에서 어렵다던데……" 하면서 같은 얘기를 반복하더라고요.

　제가 여러분에게 팁을 하나 드리자면, 이런 경우 그냥 항소하는 게 낫다고 봅니다. "회사를 계속 다녀야 하는 사람이 소송에 졌는데도 항소를 하게 되면 불리한 것 아닌가요?" 이렇게 묻는 분들도 계시는데, 단언컨대, 그 소송 그만둔다고 지금 받고 있는 불이익이 멈춰지는 게 아닙니다. 오히려 법정에서 피고인이 "회사가 이렇게 불이익을 주고 있어서 제가 힘들어요"라는 얘기를 할까 봐 회사 쪽에서 좀 더 조심을 하게 돼 있어요. 그런데도 피해자들은 흔들립니다. 싸움을 시작하기 전이라면 이런 고민을 하는 게 맞지만, 싸움을 이미 시작했다면 어정쩡하게 멈춘다고 아무 일도 없던 것처럼 되지 않습니다. 포커에서 보면 자기 패는 자기만 볼 수 있잖아요. 남의 패는 못 보고요. 그런데도 내가 질 것 같으니까 패를 내려놓습니다. 나중에 알고 보면 자기가 충분히 이길 수 있는 패를 들고 있었는데도요. 그 게임에서 빠지는 순간 곧 패자가 되는 거죠. 소송도 마찬가지입니다.

　사실 저는 정말 운 좋게 소송을 끝낼 수 있었죠. 그렇다고 그간의 과정이 편했느냐면, 결코 그렇지 않았어요. 저도 소송을 끝내기까지 만 4년이 걸렸어요. 2010년 4월 민사 소송 판결이 나왔죠. 낭시 제 심성이, '이젠 성말 끝났나?' 싶으면서도 무척 허무하더라고요. 피해자가 소송에서 이기면 무작정 좋을 것 같죠? 아닙니다. 이기면 허무하고, 지면 열불 나고 그래요(웃음). 그나마 그 기간을 견디려면 과정 자체를 즐길 필요가 있어요. 저는 그 기간에 뭐가 제일 좋았느냐면, 장일호 기자 같은 사람들을 만나는 거였어요. 장 기자처럼 그 긴 시간 동안 제 후속 기사를 써주셨던 기자분들, 제게 자문을 해주거나 제 책에 서평을 써주셨던 변호사분들, 쉽지 않았을 텐데도 아낌없이 응원을 보내준 삼성 직원들이나 평범한 우리 사회의 또래들…… 그분들과 맺었던 연대가 제가 싸우는 데도 그렇고, 그 뒤 제가 살아가는 데도 영향을 미쳤던 것 같습니다. 이런 분들을 알게 된 것 자체가 놀랍고 즐거워요. 회사만 다니던 사람이 다른 세상을 보게 됐으니까요.

피해자를 괴롭히는 2차 피해 양상들

저는 제가 나름 정석적인 싸움을 했다고 생각합니다. 그래서 제 얘기를 좀 많이 해드렸어요. 이제부터는 제가 변호사로서 만나는 '이은의들'의 얘기를 해볼게요.

가만 보면 가해자들의 말은 늘 똑같은 것 같습니다. 제 가해자도 그랬지만, 다른 사람들의 가해자도 늘 이렇게 말해요. "미안해. 강제는 아니었어." 속된 표현이지만, 이것이야말로 피해자를 '빡치게' 하는 말입니다. 그냥 미안하면 미안해하든가, 강제가 아니었으면 미안해하지 말아야죠.

'왜'라는 말로 우리 사회가 쏟아내는 질문들도 문제예요. 저도 이런 질문을 정말 많이 받았는데, 서지현 검사 사건 때도 터지자마자 나온 얘기가 "이 시기에 왜 그런 문제를 제기했대?" "중앙지검이나 대검으로 발령 나고 싶어 그런 거 아냐?"였죠. 서 검사가 원한 게 그런 거라면 왜 그렇게 어려운 길을 선택했겠어요? 차라리 인사권 가진 사람한테 가서 어떤 식으로든 매달리는 게 더 편하지 않았겠어요? 간을 내주든, 쓸개를 내주든 해서라도 말이죠. 그런데 우리 사회는 이렇게 치열한 혈투에 돌입한 사람들에게 '왜'라는 질문을 너무 많이 합니다. 법원이나 수사 기관조차 그래요. "왜 저항을 안 했지?" "왜 더 빨리 얘기를 꺼내지 않았지?" 하는 식이죠.

제 경우도 마찬가지였어요. '일 년이나 그런 일을 당했다면서, 이은의가 성격 좋은 여자도 아닌데, 왜 진작 얘기를 안 했을까?' 하는 질문이 계속해서 따라다녔죠. 실제로 이은의가 문제 사원이었다는 걸 주장하기 위한 내용들로 이런 것도 들어 있었어요. "이은의는 지각을 한 적이 있습니다" "이은의는 청바지를 입고 출근한 적이 있습니다. 그 청바지엔 별과 꽃이 새겨져 있었습니다"(청중 폭소). 그러니까 저는 청바지를 입고 출근한 것도 모자라 무려 별과 꽃이 새겨진 청바지를 입고 다니는 나쁜 년이 돼버린 거죠(청중 계속 폭소). 이런 걸 읽다 보니 패닉에 빠지더라고요. '출퇴근 기록이야 복사해서 제출하면 된다지만 내가 입고 다녔던 청바지도 법정에 제출해야 하니?' 이런 생각도 들었고요. 그런가 하면 이런 대목도 있었어요. "이은의는 주말에 부산국제영화제에 다녀와서 월요일에 피곤한 얼굴로 출근한 적이 있습니다." 실제 그랬어요. 당시 서류를 제가 다 가지고 있습니다. 이걸 읽는데, 정말 심장이 목구멍 밖으로 튀어나올 것처럼 뛰더라구요. 정말 문제 사원이 된 것 같았어요.

그래서 내 주변의 피해자를 만날 때와 멀리 있는 '미투'를 바라볼 때가 다르다는 겁니다. 이렇게 멀리서 벌어진 사건을 볼 때는 웃으시잖아요. 그런데 바로 옆에서 사건이 벌어지면, 특히나 피해자보다 가해자와 친할 경우에는, "그 피해자가 평소 좀 이상했다던데?" "걔가 노출이 심한 옷을 입고 다녔대" 이런 얘기들을 하곤 합니다.

제가 담당한 사건 중에 이런 것도 있어요. 제 의뢰인인 간호사한테 의사가 자꾸 이상한 방식으로 접촉을 했답니다. 수술실에만 들어가면 그 의사가 자기 가슴을 툭 친대요. 수술실에는 여러 명이 들어가니까 목격자가 있을 법하잖아요. 그런데 의뢰인 주장에 따르면, 요즘엔 수술 부위를 카메라로 찍어 큰 화면에 비춰가며 수술을 진행하기 때문에 사람들이 모두 그 화면만 바라본답니다. 그러니 누군가 내 가슴을 치더라도 "어?" 하고 반응을 보이지 않는 이상 사람들이 모르는 거예요. '이게 뭐지?' 싶어 눈을 들어 보면 상대방이 자기를 빤히 바라보고 있답니다. 의뢰인 반응을 살피고 있는 거죠. 그 와중에 의뢰인이 네다섯 번 부서 이동을 당하게 됩니다. 게다가 이야기가 와전되면서 주변

28

에서 이렇게들 수군거리더래요. "걔가 평소에 가슴골 파인 옷을 많이 입잖아. 브이넥도 자주 입고."

의뢰인분은 사실 무근이라며 분통을 터트렸어요. 사실, 옷을 입다 보면 자신도 모르게 그럴 때가 있잖아요. 오늘 저도 외부에서 강의를 하다 말고 봤더니 가슴 부분이 좀 벌어져 있더라고요. 그럼 변호사가 추태를 보인 건가요? 게다가 내가 탑을 입든, 블라우스를 입든 그게 어떻게 내 가슴을 함부로 건드릴 이유가 된단 말인가요? 그렇지 않나요? 그런데 현실은 그렇지가 않죠. 온갖 말이 난무합니다. 저도 소송하면서 별별 말을 다 들었습니다. 일단 "진급이 안 돼서 싸움을 시작했다"라는 말을 숱하게 들었죠. 맞습니다. 진급을 시켜줬으면 안 싸웠을 거예요. 당연한 것 아닌가요? 불이익이 있으니까 싸우는 거죠. 그런데 그게 왜 문제가 돼야 하나요? 애초에 문제가 되는 행위가 있었다면 그 행위를 봐야죠. 그런데도 사람들은 그 이후 피해자가 겪게 된 피해 때문에 문제 제기를 했으니 정당하지 않은 것처럼 이야기들을 하곤 합니다.

생각해보면 이상하지 않나요? 아동 학대 피해자한테 "그 아동은 의붓아빠 또는 의붓엄마가 계속 때리는데 왜 그 집에 살았대?"라고 얘기하지는 않잖아요. 어린이가 유괴를 당해 죽음에 이르게 됐을 때 "그 애는 왜 멍청하게 범인을 따라갔대?"라고 얘기하지도 않죠. 오히려 "너무 안타깝다"라는 반응을 보입니다. 그런데 노동자·여성·장애인처럼 약자들이 관련된 사건에는 이런 반응이 적용되질 않아요. 한국 사회는 약자들이 불만을 갖는 것에 이상한 거부감을 갖고 있는 듯해요. 자기들이 약자이면서도 오히려 강자에게 감정이입을 하죠. 한국에서 히트하는 드라마들만 봐도 여자 주인공이 순정적인 남자 주인공을 놔두고 재벌 가문의 실장과 바람이 나면 시청자들은 재벌 쪽을 압도적으로 응원합니다. 실장이 여자 주인공을 '득템'하기를 바라면서요. 순정적인 남자 주인공은 여자 주인공을 돕다가 때가 되면 바람과 함께 사라져야 합니다. 이상하지 않나요? 가만 보면 이렇게 우리가 응원하지 않아도 될 강자 쪽으로 감정이입하는 일을 자주 겪고 있습니다.

우리는 특히 내 옆에 있는 피해자를 만날 때 주의해야 합니다. 멀리 있는 '미투'에 '위드 유'를 보내는 것도 중요하지만, 더 중요한 것은 내 옆에 있는 피해자의 손을 잡아주는 것입니다. 제가 회사에 다닐 때, 싸움을 하기 전까지는 제 주변 여성 사원들에 대해 많이 무심했었어요. 당연히 동지라고 생각하지도 않았죠. 그런데 사건이 벌어지고 제가 사회봉사단이라는 곳에 발령이 나서 혼자 '1인 노조' 하듯 싸우고 있을 때 저랑 밥 먹어주고, 차 마셔주고, 가장 많이 놀아준 사람들이 누구였냐면 회사가 소외시키고 버렸던 고졸 여성 직원들이었어요. 옆 사람이 어떻게 해주느냐가 정말 중요합니다.

사랑했다, 썸 타는 사이였다며 발뺌하는 가해자들

지금부터는 제가 변호사로서 접하게 되는 직장 내 성희롱 문제에 대해 몇 가지 얘길 해볼까 합니다. 요즘 직장 내 성희롱 사건에서 가장 많은 사례가 어떤 걸까요? 한번 맞혀보세요. 맞히면 제가 밥 사드릴게요. (청중석에서 누군가 "사랑한다고 얘기하는 거요"라고 말하자 눈 크게 뜨고 감탄하며) 맞아요. 맞혔습니다. (답변한 청중 바라보며) 나중에 서초동에 오시면 제가 점심을 사드리겠습니다 (웃음).

저분 말씀대로 사랑한다고 얘기하는 사건들이 많아졌어요. 직장 내 성희롱 하면 뭔가 주물럭거리는 사건이 많을 것 같잖아요? 귀에 바람을 '훅' 불어넣는 사건도 많을 것 같고요. 그런데 요즘에는 그렇게 촌스럽게 하지 않습니다. 바람을 불어넣더라도 "사랑해~" 하면서 불어넣어요. 난리가 났어요, 아주. 대한민국이 다 사랑에 빠졌습니다(청중 실소). 특히 결혼했는데도 마지막 연애의 끈을 놓지 못하는 분들이 있습니다. 그런데 이분들이 이상하게도 새로 들어온 신입 직원만 보면 사랑에 빠지는 경향이 있어요(청중 계속 실소). 아주 상습적입니다. 상대방인 부하 직원이 마음을 받아주면 연애에 빠지고, 마음을 받아주지 않으면 강제 성추행 내지는 강간을 시도하는 거죠. 이게 여의치 않으면 "너 때문에 너무 괴로워. 내가 회사를 못 다니겠어" 내지는 "네가 다른 부서로 가. 아니면 내가 다른 부서로 갈까?" 하다가 종국에는 "네가 나가"라는 식으로 나옵니다. 이게 다 '테크 드리'Technology Tree(실시간 전략 게임에서 각종 유닛을 업그레이드시키는 절차를 일컫는 말)라고나 할까요? 마치 연습이라도 한 듯 똑같습니다. 어디에 이런 걸 가르치는 학교라도 있나 봐요. 이런 사건을 요즘 너무 많이 접합니다.

강제추행죄로 고발하려면 일단 고의가 입증돼야 합니다. 곧 가해자가 추행할 의도가 있었는지, 성적 만족을 추구했는지 이런 것들을 밝혀내야 하는 거죠. 가해자가 어느 날 갑자기 다가와 가슴을 잡았다? 이렇게 되면 입증하기가 쉬워요. 그런데 애매한 사건들이 있습니다. 이를테면 가해자가 내 팔 안쪽을 만졌는데 남들은 그걸 보지 못했다 쳐요. 이럴 때 피해자가 성희롱 피해 사실을 호소하면 가해자는 "나는 격려를 했을 뿐이다"라고 주장하죠.

이보다 더 큰 난관도 있습니다. 많은 가해자들이 기소되거나 기소되기 직전 주장하는 게 "우리, 썸 탔어요"입니다. "우린 사귀는 사이였어요"라고 주장하는 거죠. 이런 상황에 처한 피해자는 자기가 상대방과 사귀지 않았다는 걸 입증해야 합니다. 사귀었다는 걸 입증하기는 쉬운데, 사귀지 않았다는 걸 입증하기는 쉽지가 않아요. 이때 가해자들이 흔히 들고 나오는 증거가 문자나 카톡의 이모티콘입니다. 그러니 회사 입사한 뒤 조짐이 이상한 가해자한테 문자나 카톡을 보내면서 "사랑합니다, 고객님" 하듯 하트 날리고 하면 안 돼요. 귀여운 캐릭터가 하트 떨어뜨리는 이모티콘과 함께 "부장님, 안녕히 계세요. 내일 뵐게요~" 하고 인사말 보내는 것도 안 됩니다. 꽤 많은 검사, 판사들이 이해를 못 해요. '썸 타는 것도 아닌데 왜 하트를 날려?'라고 생각하는 거죠. 그래서 둘이 호감이 있었다고 보고 이른바 합리적 의심에 따른 무죄 판결을 내리곤 하는 거죠.

피해자가 강간을 당했는데 물리력이 크게 행사되지 않는 경우도 많습니다. 가해자의 무게에 짓눌리다 옷이 벗겨지고 나면 피해자가 저항을 포기해버리거든요. 피해자들은 이런 상황을 상당히 솔직하게 진술합니다. 그런데 이렇게 되면 기소가 쉽지 않습니다. '그 정도라면 서로 호감이 있었던 거 아냐? 그게 아니면 그 방에 왜 들어가? 중간에 저항을 열심히 한 것도 아니라잖아?' 하면서 합리적 의심을 배제하기 어렵다는 이유로 무죄를 선고하곤 하거든요.

혹시 내가 어떤 피해를 입게 된다면, 가해자와 불필요한 연락을 취하는 일은 당장 멈춰야 합니다. 자칫하면 이것만으로도 상대에게 유리한 정황이 될 수 있어요. "제 안경이 어디 있을까요?" 같은 메시지를 보내고, 상대가 안경 위치를 알려주면 고맙다고 답한 내용 등은 상대방이 나중에 전부 증거로 쓸 수 있다는 겁니다. 그러니 "너, 나한테 어제 무슨 짓을 한 거야?" 이런 내용이 아니라면 가해자와 연락을 주고받지 마세요. 녹취가 모든 걸 해결해줄 거라고 생각하는 분들도 있던데, 물론 녹취가 유의미할 때도 있지만 그 녹취를 하기 위해 내가 한 부수적인 행동들이 또 다른 문제를 만들기도 한다는 걸 잊지 않으셨으면 합니다.

지금의 한국 사회에서 문제는 조직이에요. 가령 한샘 사건(교육 담당자인 상사가 신입 직원을 성폭행한 사건)의 경우 가해자가 기소가 되건 안 되건 회사 차원에서는 해당 직원을 중징계했어야 한다고 저는 생각합니다. 직원 윤리와 법 윤리는 똑같지만은 않기 때문입니다. 그런데 요즘 회사들 중에는 사건이 법정에 기소되고 유죄 판결이 나와야 해당 가해자를 징계하겠다고 하는 곳들도 많아요. '결과 나올 때까지 기다릴게' 하는 식이죠. '미투'의 역작용 내지 반작용이라고나 할까요?

교육 담당자가, 그것도 결혼까지 한 사람이, 교육을 받는 신입 사원과 성관계를 맺었는데 그것이 성폭행이었다고 주장되는 상황이라면 이 담당자는 굉장히 중요한 역할 위반을 한 거예요. 교육생들은 당연히 이 담당자에게 잘 보이고 싶어 했을 겁니다. 하지만 설사 교육생들이 먼저 접근을 했다 해도 해당 담당자는 결코 선을 넘지 말았어야 해요. 그게 교육 담당자에게 주어진 역할이니까요. 더구나 결혼한 사람이잖아요. 직원으로서의 품위 유지 조항을 위반한 거고, 직업 윤리도 위반한 겁니다.

물론 "업무상 위력 관계에 있으면 연애도 못 하나?"라고 반문할 수도 있겠죠. 할 수 있습니다. 대신 정확히 물어봐야 할 의무가 있어요. "너 나 좋아해? 이성으로서 좋아하는 거야?" 이렇게 물어야 할 의무가 상급자에게는 있습니다. 그런데 이 부분을 간과하면서 일이 커진 거죠. 주변에서 고민하는 피해자를 만나면 이런 얘기들을 해주는 게 꼭 필요할 것 같습니다. 그런데 이미

일을 망치고 나서야 제게 오는 분들을 너무 많이 만나요.

머뭇거리지 말고 고소나 진정부터 하자

그렇다면 지금 세상을 흔들고 있는 그 많은 '미투'들은 어디서 왔을까요? 제가 생각하기엔 피해자들이 침묵하는 이유, 폭로하는 이유가 모두 같습니다. 요즘 '미투'라는 주제 아래 나오는 얘기들이 낯설게 느껴지나요? 하나도 낯설지 않죠. 〈선데이 서울〉이나 〈용감한 기자들〉 같은 데서도 이런 얘기들을 많이 접했잖아요. 그런데도 왜 오늘날 '미투' '미투' 하는 걸까요? (청중 "피해자가 직접 나섰기 때문에요"라고 대답) 네, 비슷합니다. 거기서 좀 더 내려와보면요, 한국 사회가 처음으로 피해자와 같은 눈높이에서 피해 사건을 바라보는 계기가 됐다는 점을 지적해야 할 것 같습니다.

피해자가 이름과 얼굴을 공개하느냐 마느냐, 가해자가 유명인이냐 아니냐는 중요하지 않죠. 기존에는 객관이란 미명 아래 사실은 가해자의 시선을 거쳐 필터링된 이야기들이 전해졌다면 지금은 피해자가 직접 입을 열어 이야기하기 시작했다는 것, 여기서 결정적인 차이가 생겨나는 듯합니다.

'미투'는 이런 식으로 피해자의 눈높이에 맞춰 사건을 바라보는 계기를 제공했어요. 사실은 처음부터 객관적일 수 없었던 사건을 약자의 시선, 피해자의 입장에서 바라보게 된 첫 번째 계기를 제공한 거죠. 그 뒤 여러 가지 사건이 연이어 터지면서 '이건 미투다' '아니다, 진정한 미투가 아니다'라는 식의 논쟁이 일기 시작했는데, 저는 이것이야말로 참으로 쓸데없는 논쟁이라고 생각합니다. 중요한 것은 실체적 진실을 밝히는 거죠. 진정한 '미투'가 어디 있습니까. '미투'는 나의 성적 자기결정권을 침해당한 사건, 하지만 그걸 말하기 어려웠던 사건에 대해 피해자의 입장에서 "나도 그랬다"라고 밝히고, 그에 대한 화답이 돌아올 때 함께 손잡고 얘기를 나누는 연대인 거지, 이건 '미투'고 저건 '미투'가 아니라는 식으로 단죄할 수 있는 게 아니죠. 그런데 시간이 흐르면서 '미투'의 본질은 잊힌 채 이상한 얘기들만 난무하고 있는 듯합니다.

살펴보면 피해자들이 당하는 이유가 대부분 비슷합니다. 이른바 '사귀거나 나가거나, 당하거나 떠나거나'죠. 내가 결사적으로 항전했으면 불이익을 보지 않았을 일, 달라졌을 일이 꽤 있어요. 그런데 막상 당했을 때는, 특히나 업무상 위력이 동반됐을 때는 '어떡하지?' 하다 당하는 경우가 많습니다. 상대방 눈이라도 확 찔러 상황을 반전시킬 수 있는데 그렇게 못 합니다. 왜? 내일 출근해야 하니까요. 아직 이 직장을 그만둘 수 없으니까요. 이런 사건들이 꽤 많습니다. '어떡하지?' 하는 사이에 상황이 다 끝나버리는 거죠. 이런 사건들은 그 뒤로도 신고하기가 쉽지 않습니다. '얘기했다가는 내가 불이익을 당할 텐데……' 내지는 '신고한다고 잘될까?' 싶은 생각이 드는 거죠.

한 피해자의 예를 들어보겠습니다. 결혼을 앞둔 상황에서 새로 발령이 났는데 근무지까지의 출퇴근이 어려워 고민을 하게 됩니다. 그런데 발령에 영향을 줄 수 있는 부서 간부가 피해자에게 "너의 발령에 대해 얘기를 해보자"고 제안해요. 회사 밖에서 만나자고요. 그런데 만나서는 자꾸 술을 마시자며, 강압적으로 술을 따릅니다. "마셔. 내가 너를 잡아먹냐? 안 건드려" 이러면서요. 이런 상황이 낯선가요? 권하는 대로 술을 마시다 어느 순간 정신을 잃은 거죠. 눈을 떠보니 모텔인지 호텔인지 낯선 장소에서 자기가 옷을 벗고 누워 있는 거예요. 화들짝 놀라 일어나 보니 자기 옆에 그 남자가 누워 있고요.

피해자분은 혼란스러웠지만 감당이 안 돼서 그날 일은 그냥 없었던 것처럼 넘어갔대요. 그런데 며칠 지나지 않아 가해자가 또다시 술을 마시자고 한 거예요. "그날은 네가 너무 취해가지고 내가 너를 챙겨주느라고 그런 거다"라고 말도 안 되는 소릴 하면서요. 피해자 입장에선 당연히 경계를 했겠죠. 하지만 상대는 여전히 나의 상급자이자 내 발령권을 쥐고 있어요. 게다가 오히려 큰소리를 쳐요. "너, 나를 성범죄자로 보는 거야?" 하면서요. 피해자는 어쩔 수 없이 또다시 술자리에 나갑니다. 그러고는 또 준강간 상황이 벌어진 거예요.

자, 이 사건은 어떻게 됐을까요? 이 강의를 들으신 여러분들은 이미 결말을 예측할 수 있게 되었습니다. 이유가 뭘까요? 일단 사내 연애라는 일말의 가능성이 있어서였죠. 그 근거는 무엇이었을까요? (청중 한 사람이 "이전에도 같은 일이 있었는데 신고하지 않아서요"라고 대답) 맞습니다. 신고하지 않았죠. 뭐, 신고야 안 할 수도 있습니다. 그런데 계속해서 술을 먹었다? 결국 이 여성분은 상대 남성에게 무고죄로 역고소를 당하고, 회사에서도 대기 발령 조처를 받습니다. '회사 밖에서 술을 마시고 같이 잠도 잤는데 성폭행은 아니었다며?' 이런 논리로 대기 발령을 받게 된 거죠. 그 뒤 이분이 정신이 산산조각이 난 상태로 저를 찾아오셨더라고요.

이처럼 피해자가 곧바로 피해 사실을 신고하지 못하고 반복적으로 피해를 당하게 되는 건 자기가 불이익을 받게 될 것이라는 두려움 내지는 신고를 한다 해도 사실이 제대로 밝혀지지 않을 것이라는 회의 때문이에요. 그러다 더는 안 될 것 같을 때 폭로를 하게 되는 거죠. 내 안에서 뭔가가 계속 누적되다, 내 삶이 엉망이 될 것 같을 때 '펑' 하고 터져버리는 거죠.

저도 사내에서 왕따를 당하면서 쉽게 도움을 청하지 못했습니다. 그 상황에서 침묵할 수밖에 없었던 건 더 나빠지지 않았으면 좋겠다는, 잘 지내보고 싶다는 마음 때문이었습니다. 물론 말해봤자 어차피 해결되지 않을 것이라는 회의도 들었고요. 그러다 더 침묵하면 안 될 것 같다는 생각에 폭로에 나서게 되는 거죠. 이런 상황에 대한 이해가 필요합니다.

피해자들이 갖고 있는 두려움 중 이런 것도 있습니다. "네가 본래 성격이 이상하잖아. 이상한 애니까 이런 얘기를 하는 거잖아"라는 말을 듣는 두려움. 실제로 제 의뢰인 중 직장 내 성희롱 피해를 뒤늦게 폭로한 여성이 있는데, 법정에서 가해자 측 변호사가 이 여성에게 이런 질문을 하더라고요. "당신은 평소 높은 사람이 뭐라 해도 발끈해서 나가버린 적이 있다면서요? 그런데 이 사람이 문제 행동을 할 때는 왜 아무 말도 못 했나요? 사실은 아무 일도 없었기 때문에 아무 말도 못 한 것 아닌가요?"

그런가 하면 "너, 본래 문란한 애잖아"라는 식으로 피해자를 몰고 가기도 합니다. 박유천 씨가 고소한 무고 사건에서 무죄를 받은 두 번째 신고 여성이 술집 여종업원이라는 이유로 온갖 악성 댓글에 시달렸죠. "너네는 본래 그런 애들 아냐?" "그런 데서는 화장실에서 그렇고 그런 일 벌어지는 거 다 알잖아"라는 식으로요. 알긴 뭘 압니까? 제가 이런 얘기를 할 수 있는 이유는 옛날 습관이 남아 있어서 댓글들을 다 훑어봤기 때문이에요. 이것이야말로 피해자를 침묵하게 하고, 피해자가 어렵게 입을 연 뒤로도 피해자를 두 번 죽이는 행위라 할 수 있죠.

성희롱을 당했을 때는 '미투'도 좋지만 고소나 진정을 꼭 하시기 바랍니다. 일단 고소를 하고 나면 내가 피해자로 특정이 돼요. 그런데 다른 걸 먼저 하다 나중에 오히려 역으로 피소가 되면 가해자가 되고 말죠. 그러니 이 부분에 대한 고민들을 하셔야 해요. 피해자가 사법 재판이나 법적 절차를 잘 알고 활용하는 게 좋습니다. 내 피해 사실을 잘 증명해서 가해자를 처벌할 수 있다면 일단 최고겠죠. 하지만 처벌까지 가지 않더라도, 설사 불기소가 된다 하더라도 손해배상을 받아내는 방법도 있고 사건이 언론에 보도될 수도 있습니다. 내가 조사받는 만큼 상대도 고통 받는 한편 내가 합법적으로 발언할 수 있는 여지가 발생하는 측면도 있죠. '무조건 고소가 능사다'라는 얘기를 하려는 게 아니에요. 법적 테두리 안에서 내가 최대한 나를 보호할 수 있는 방법을 숙고하면서 움직여야 한다는 겁니다. 기왕 싸우기로 했다면 전략과 전술이 필요합니다. 피해자와 주변이 함께 노력해야 해요. 가장 필요한 건 하늘의 뜻이겠지만, 그건 우리가 어떻게 할 수 있는 게 아니잖아요? 그러니 피해자와 주변이 함께 전략과 전술을 세우려 노력해야 합니다.

'미투'에서 '위드 유'를 거쳐 '세이브 투게더'까지

제가 오늘 마지막으로 하고 싶은 말은 성폭력 피해자를 향한 이상한 오해와 시선들이 어디서 비롯됐는지 생각해볼 필요가 있다는 겁니다. 이를테면 짧은 치마를 입고 있다가 상사가 술 한 잔 하자고 해서 함께 마시다 취해 눈떠 보니 모텔이라 쳐요. 이 것과 짧은 교복 치마 입고 야간자율학습 마치고 가다 어떤 건물로 끌려가 강간을 당한 사건이 별반 다른 게 아닙니다. 그런데 우리 사회는 이걸 다르게 바라보죠. 다르지 않은 사건을 다르게 바라보는 이런 시선이 어디에서부터 파생됐는지, 어디에서 우리가 이런 교육을 받은 건지 생각해볼 필요가 있습니다.

물론 무고도 있죠. 없는 건 아닙니다. 성폭력 사건에서는 무고죄를 없애야 한다고 주장하는 게 아니에요. 다만 그 적용 방식이 너무 이상하다는 겁니다. 한국 사회에서는 "너네 좋아하다가 관계가 끝나서 뒤늦게 이러는 거 아냐?" "둘이 사귀다가 남자가 널 버리고 다른 여자랑 결혼해서 그러는 거 아냐?"라는 식으로 사건을 바라보는 경우가 너무 흔해요.

아주 가끔씩은 정말로 무고에 해당하는 사안들이 있습니다. 그런데 다른 사건에서의 무고 확률보다 성폭력 사건의 무고 확률이 더 높지는 않습니다. 더구나 한발 나아가 생각해보면 두 사람 사이에 뭔가 있어 보인다고 해서 그들 사이에 있었던 일들이 모두 다 문제가 안 된다고 단정할 수도 없습니다. 현실에서는 여성이 억울한 오해를 받는 사례가 '훠어어얼씬' 많습니다. "남자가 뭐가 아쉬워서 그랬겠느냐" "여자가 뭔가 바라는 게 있었겠지" 하는 식입니다. 해당 남성의 지위나 여성의 환경 같은 것들에 비춰 사안을 보려 하는 거죠.

그런가 하면 피해자 자격에 대해 이분법적 사고를 하는 경향도 강합니다. 평소 피해자에 대해 갖고 있던 감정이나 평가를 통해 사건을 판단하는 거죠. 직장 내 성희롱 사건에서 특히나 피해가 누적돼 있던 경우라면 피해자와 주변의 교류가 끊겨 있을 확률이 높아요. 가령 본인은 전혀 원치 않았는데 상사로부터 준강간을 당한 피해자가 있다 칩시다. 이 피해자는 상사의 요구를 거부할 경우 불이익을 당할까 봐 그 뒤로도 몇 번 요구에 응해요. 이런 일이 반복될수록 피해자에게는 비밀이 생기겠죠. 마음이 어두워지고요. 그러나 보면 주변 사람들과 못 어울리고, 일도 잘 못하는 상황이 벌어질 수 있습니다. 오히려 남자가 잘 돌봐줘서 피해자가 잘나가는 것처럼 보일 수도 있고요. 이러다 보면 피해자가 고립됩니다. 나중에 피해자가 입을 열면 "걔는 좀 이상한 애야"라는 식으로 이분법적인 평가를 하죠. 우리가 판단해야 할 건 사건이 문제가 있느냐 없느냐인데, 왜 이런 식으로 사람에 대한 평가를 같이 하는 건지 돌아볼 필요가 있습니다.

오늘 얘기는 여기까지 하려고 합니다. 제 얘기에서 출발해 다른 사람들 얘기도 했지만, 사실은 다 같은 얘기입니다. 제가 받았던 오해를 지금 제 의뢰인들도 똑같이 받고 있고, 제가 말하지 못했던 것과 동일한 이유로 다른 사람들도 입을 열지 못하고 있습니다. 그러다 제가 '미투'를 했던 것과 같은 이유로 다른 분들도 '미투'를 하고 있죠. 하지만 '미투' 이후의 싸움은 피해자 혼자 짊어지게 되는 경우가 많습니다. 저는 이럴 때 주변인으로서의 역할을 좀 더 강조하고 싶어요. 당사자가 되기보다 주변인이 될 확률이 훨씬 높으니까요. 이런 일이 생겼을 때는 사람과 사건을 분리해서 볼 필요가 있다, 다시 말해 그 사람에 대한 평가 같은 걸 보지 말고 그 사건 자체를 바라보시라, 이런 얘기를 드리고 싶습니다. '미투' 사건이 터지면 주변에서 피해자를 멀리하는 경우도 많은데, 그럴 때 당사자와 밥 한 끼 먹어주고, 단 10분이라도 그가 하는 얘기에 귀 기울여주는 게 당사자가 싸움을 버티게 하는 큰 힘이 된다는 걸 기억해주셨으면 합니다.

그런 의미에서 저는 스크린 너머 '미투'나 '위드 유'보다 내 옆에 있는 사람에 대한 '세이브 투게더'가 훨씬 더 중요하다는 말씀을 드리고 싶습니다. 우리가 살면서 유리한 선택이 아닌 유익한 선택을 한다면 세상도 반걸음쯤은 더 나아지지 않을까요?

오늘 함께해주셔서 고맙습니다(청중 박수).

산부인과 사용 설명서
─생리에서 낙태죄까지

윤정원(산부인과 전문의, 녹색병원 산부인과 과장)

진료실을 찾은 세 명의 여성 환자

궂은 날씨에 이렇게들 와주셔서 감사합니다. 오늘 제가 준비한 프레젠테이션용 슬라이드가 125장이에요. 제가 좀 다양한 주제를 다루는 편이거든요(웃음). 생리라는 주제 하나만 해도 초경부터 완경까지도 그렇고 생리통, 생기 주기, 생리대 등등 다뤄야 할 얘기가 너무 많죠. 재생산권, 피임, 낙태죄 등등 주제를 넓히면 더 할 얘기가 많고요. 오늘은 그중에서도 여러분이 궁금해하는 것 위주로 얘기를 풀어가도록 하겠습니다.

우선 진료실에서 만나는 환자들 얘기로 시작해볼게요. 열세 살 중학생 얘기입니다. 이 친구가 본래는 HPV 백신, 그러니까 자궁경부암 백신으로 많이 알려진 백신을 접종 받으려고 우리 병원에 내원했어요. 그런데 진료하면서 보니까 외음부에 접촉성 피부염이 있더라고요. 알고 보니 이 학생이 초경을 한 지 얼마 안 됐는데, 어머니가 안 계시고 아버지하고만 살고 있대요. 그 결과 정상 생리 양이나 생리 냄새를 알려주는 사람이 없다 보니 한 시간에 한 번씩 생리대를 갈았던 거예요. 그러다 알레르기성 피부염이 생긴 거죠. 2017년 생리대 파동 때 살이 쓸리고 습해지는 증상을 호소하는 분들이 많았던 걸 기억하시죠? 이 학생도 그런 경우였어요. 그래서 피부염을 치료하면서 생리대 교육도 함께 해줬죠.

그런가 하면 진료실을 찾은 또 다른 여학생은 "아래에서 냄새가 나요"라고 호소를 하더라고요. 이 학생의 경우 고등학교 2학년에 올라가면서 책상 앞에 앉는 시간이 길어지다 보니 뭔가 자꾸 냄새가 난다는 기분이 들었던 모양이에요. 게다가 한번은 친구가 "너, 냄새나"라고 얘기한 적도 있고요. 그 뒤로는 자기 질에서 냄새가 올라오는 것 같다는 생각을 강박적으로 하게 되면서 계속해서 냄새를 맡아보고 씻고 했나 봐요. 그러다 자기가 괜찮은지 봐달라고 저를 찾아온 거죠. 이 친구한테는 질에서 어느 정도 분비물이 나오고 냄새가 나는 건 정상이며, 오히려 너무 자주 씻는 습관이 유산균 장벽을 깰 수도 있다는 걸 설명해줘야 했어요. 따로 치료한 건 하나도 없어요. 내 몸에 대해 관찰하는 법을 알려주고 교육해주는 게 이 친구한테는 필요했던 거니까요.

78세 할머님이 진료실을 찾은 일도 있어요. 슬하에 자녀가 다섯인 분이었는데, 아래가 빠지는 증상을 호소하셨어요. 혹시 자궁탈출증이라고 들어보셨나요? 분만을 여러 번 하거나 수술을 받은 여성, 또는 나이 들어 폐경이 된 뒤 여성 호르몬이 줄어들어 질을 잡아주는 근육이 약해지면서 자궁이나 방광 같은 장기들이 헐거워진 질 쪽으로 빠져나오는 걸 자궁탈출증이라고 하는데, 이분이 이런 증상을 경험한 지 벌써 3년이나 되셨더라고요.

자궁탈출증이라는 게 특별히 통증을 유발하지는 않습니다. 대신 장기가 튀어나와 있다 보니 많이 불편하죠. 이분한테 왜 3년이나 있다가 병원을 찾으셨느냐고 물었더니 답변이 이래요. "애들 낳고 모유 수유하느라 생리는 거의 안 했어. 애들도 다 집에서 낳고, 산부인과는 한 번도 와본 적이 없어. 부부관계 안 한 지 30년도 넘었는데 산부인과를 뭐하러 와? 그러다 3년 전부터 아래가 빠지더니 튀어나왔는데 창피해서 아들, 며느리한테 말 못 했지." 사실 이게 수술이 엄청 간단하거든요. 잠깐 수술만 받고 나면 삶의 질이 확 높아졌을 텐데, 할머님이 말도 못 하고 장기가 빠져나오면 손으로 밀어 넣고, 일하다 또 빠져나오면 또 밀어 넣고 하면서 3년을 견디셨던 거죠.

제 친구인 서른두 살 비혼 여성 얘기도 들려드릴까요? 이 친구의 경우 건강검진에서 양쪽 난소에 혹이 발견됐어요. 남자친구와 캠퍼스 커플이었던 이 친구는 본래부터 생리통이 심한 편이었어요. 그런데 생리통을 호소할 때마다 남자친구가 화장실에 가라고 했던 모양이에요. 배 아플 때처럼 화장실에 가면 생리통도 해결되는 줄 알았던 거죠. 제가 이 친구보고 진료를 받으러 오라 해도 도무지 말을 안 듣더군요. 민망해서 친구한테 진료받기는 싫다면서요. 그러다 양쪽 난소에서 혹이 두 개가 발견되어 자궁내막증 진단을 받게 된 거죠.

이 친구의 경우 저체중이 심해 몹시 마른 체형이었는데, 나중에 알고 보니 이 친구가 한 달이면 6일씩 오버나이트 사이즈 생리대를 써야 할 정도로 생리 양이 많았다고 해요. 그런데 이걸 별로 문제라 생각하질 않았대요. 남들도 다 그런 줄 알았던 거죠. 결국 이 친구는 자궁내막증 수술을 받고 나서 생리를 잠시 멈추게 하는 재발 방지 치료를 받게 됐는데, 그러면서 살이 6킬로그램 쪘어요. 그 결과 삶의 질이 무척 좋아졌대요. 그전에는 어지럼증을 달고 살았는데 빈혈도 없어지고 혈색도 좋아졌으니까요. "내가 그동안 피를 쏟는 다이어트를 했구나"라는 게 이 친구의 깨달음이었어요(청중 한숨).

오늘도 대상화되는 여성의 몸, '싸이 갭' '팬티 챌린지'

우리는 우리 몸에 대해 왜 이렇게 어색하게 느끼는 걸까요? 왜 내 몸이 내 몸 같지 않고, 내 몸을 다른 사람한테 확인받고 싶어 하는 걸까요? 저는 오늘 여기서부터 얘기를 시작해보려고 합니다. 우리 사회가 여성을 보는 시각을 여성들이 내면화한다는 사실에서부터요.

(쇼윈도 안에 들어 있는 속옷 입은 여성을 성인 여성과 두 아이가 외부에서 바라보고 있는 사진을 보여주며) 이 사진을 보면 란제리를 입은 여성이 인형 내지 마네킹처럼 표현돼 있죠. 그런데 가만 보면 이 여성을 쇼윈도 바깥에 있는 또 다른 여성과 아이들이 보고 있습니다. 이처럼 사회에서 만들어진 여성에 대한 바디 이미지 등을 우리가 무의식적으로 내면화하게 되면서 자신의 신체를 '내 몸인데도 내 몸 같지 않게' 여기게 된다는 거죠. 마치 공기처럼요.

이걸 '대상화'라고 합니다.

(또 다른 사진 보여주며) 그런가 하면 이건 거식증을 표현할 때 많이 사용하는 사진인데요. 한 여성이 거울 앞에 서 있습니다. 뼈밖에 남지 않은, 비쩍 마른 여성이에요. 그런데 거울 속에 비친 여성은 몸매가 통통합니다. 이게 바로 거식증 환자가 자기를 바라보는 방식이에요. 정해진 바디 이미지에 맞춰 내 몸을 재단하고, 확인하려 듭니다.

(여성의 얼굴은 나오지 않고 다리나 가슴 등을 확대해 보여주는 사진들을 여러 장 제시하며) 이런 사진들은 또 어떤가요? 영화 포스터나 광고 등에 이런 사진이 많이 쓰이는데요. 이런 걸 일컬어 '헤드리스 우먼headless woman'이라는 표현을 씁니다. 여성들의 얼굴이 없고, 몸의 일부분만 강조된 거죠. 왜 이런 사진을 쓰느냐면, 얼굴이 들어가게 되면 감정이 실리면서 모델이 인격화되기 때문입니다. 그러니 머리는 빼고 몸만 대상화하는 거죠. 이런 '성적 대상화'는 술 광고뿐 아니라 햄버거 광고 등에서도 널리 사용되고 있습니다. 강간이나 성폭력 이미지로도 종종 쓰이죠. 실제로는 매우 폭력적인 상황인데 이걸 섹시한 이미지로 표현하기도 합니다.

오늘 제가 몇 개만 골라 뽑아 왔지만, 주변을 돌아보면 이런 이미지들이 정말 많다는 걸 느끼실 거예요.

정형화된 신체관을 강요하는 광고들도 많습니다. 캘빈클라인 속옷 광고 중 '퍼펙트 바디The perfect body'라는 문구와 함께 다양한 인종의 여성들을 등장시킨 게 있어요. 이들의 피부색은 매우 다양합니다. 그렇지만 체형은 모두 일괄적이죠. 이런 것에 '퍼펙트 바디'라는 표현을 붙여 정형화된 신체관을 주입하려 하는 겁니다. '이상적인 신체'를 보여준다면서 포토샵으로 비현실적인 신체를 만들어 보여주기도 하죠. 그런가 하면 정반대로 '모성화'나 '모성 신화'를 부추기기도 합니다. "여성은 성녀 아니면 창녀"라는 오래된 남성 중심적 내러티브에 따라 여성을 섹슈얼한 대상으로 보든가, 아니면 모성으로 환원해버리는 거죠.

우리가 '여성의 몸에 대한 억압'이라는 표현을 흔히 씁니다만, 요즘 소셜 네트워크 서비스SNS를 보면 여성들이 자발적으로 자신의 몸을 억압하는 경향이 발견되곤 합니다. (SNS에서 리트윗되고 있는 다양한 사진들을 보여주며) 혹시 이런 사진들을 보신 적이 있나요? 이건 한 젊은 여성이 자기 쇄골에 동전을 몇 개나 올려놓을 수 있는지 보여주는 사진입니다. 쇄골의 골이 깊게 파일 정도로 몸이 마른 걸 과시하는 거죠. '싸이 갭thigh gap'이라는 것도 있습니다. 이건 허벅지 사이가 벌어져야 한다는 건데 이 또한 몸이 말라야 가능합니다. 앉았을 때 허벅지와 골반 사이에 벌어지는 틈을 보여주는 '싸이 크리즈thigh crease' 인증샷도 흔히 볼 수 있어요. 이런 걸 #thighgap #thighcrease 같은 해시태그를 달아 자기 SNS에 올리는 거죠. 그런가 하면 걸그룹들은 'A4 허리 인증샷'이라는 걸 많이 올립니다. A4 용지를 가져온 기자들에게 이걸로 허리가 가려지는지 아닌지 테스트를 받고 난 다음 테스트에 성공하면 자부심과 뿌듯함이 뒤섞인 트윗을 SNS에 올리는 거죠.

('팬티 챌린지'라는 해시태그가 붙어 있는 속옷 사진을 보여주며) 그중에서도 제가 가장 경악한 건 미국의 한 흑인 여성이 올린 이 사진이었어요. 이 여성이 하루 종일 입은 팬티를 사진 찍어 올린 거예요. '팬티 챌린지(#pantychallenge)'라는 해시태그와 함께요. "이것 봐라, 내 팬티는 하루 종일 입었는데도 이렇게 깨끗하다, 분비물이 하나도 없다"라는 걸 과시한 거죠. 이걸 본 사람들이 난리가 났습니다. 여성이라면 눈에서 눈물이 나오거나 입에서 침이 나오는 것처럼 생식기에서는 분비물이 나오는 게 당연합니다. 먼지나 이물질이 들어갔을 때 몸에서 이를 배출하기 위해 자연스럽게 이런 반응이 나오게 돼 있어요. 그런데 이걸 '이상한' '비정상적인' '없어야 할' 반응인 양 이미지화한 거죠. 이걸 보고 분노한 많은 여성들이 자신의 팬티 사진을 찍어 올리며 "원래 여성 팬티는 이렇다" "이게 정상이다"라고 반박하기도 했는데요. 이런 사진을 굳이 찾아보시라는 건 아니고, 어쨌거나 이런 논란이 있었다는 걸 알려드리려는 겁니다.

비현실적인 신체 이미지가 이렇게 만연하는 이유가 뭘까요? (청중 한 사람이 "가부장제 때문에요"라고 대답) 네, 맞습니다. 가부장제 때문이죠. 의사인 저로서는 이게 얼마나 여성의 건강을 위협하는지 생각해보지 않을 수 없습니다. 하다못해 전직 대통령마저도 미용 성형 수술에 목을 맸어야 하는 이유가 뭔지, 이길 한 사코 비밀로 숨기면서 여성의 사생활로 만들었어야 하는 이유가 뭔지, 함께 생각해보고 싶어요.

'옥시크린'이 질 세정제라고?

예전에는 한국 사회가 여성을 억압한다며 유엔이 문제 삼았던 게 여아 낙태였죠. 그런데 최근에는 이게 성형으로 바뀌었습니다. 실제로 미백, 교정, 리프팅, 필러, 회춘주사 등 온갖 성형술이 성행하고 있죠. "이건 수술이 아니라 시술입니다" 내지는 "이건 교정이고 개선이에요"라고 성형이라는 말을 변주해가면서요. 굉장히 미세하게 우리 몸을 통제하고 있죠. 다이어트 강박증이나 거식증에 대해서는 더 얘기할 필요도 없을 것 같습니다.

이런 바디 이미지는 '섹시하거나, 순결하거나'라는 이중적인 성 메시지를 전달합니다. 제가 성폭력 전담 의료 기관을 운영하고 있는데, 성폭력 피해자분들이 진료 받으러 오시길 꺼려하는 경향이 있어요. 산부인과 진료를 받는 것 자체에 대한 터부에다, 자신의 몸이 더럽혀졌다는 트라우마가 복합적으로 작용하는 거죠. 그런데 성폭력 피해자들의 경우는 자궁경부암 발생률이 2.5배 이상 높다는 연구 결과가 있습니다. 폭력적인 상황에서의 성관계가 바이러스 노출에 심각한 영향을 미치는 데다, 트라우마를 상기시키는 검진을 꺼리는 것 등이 복합적인 원인으로 추정되는데, 아무튼 이렇게 건강 측면에서도 더 높은 위험에 노출돼 있는 분들이 산부인과 찾기를 꺼려하시는 거죠.

도대체 산부인과는 왜 이리 불편한 것일까요? 병원이 사실 조금씩 불편하긴 하죠. 코 안이건, 귀 안이건, 목 안이건 나의 내부를 누군가 들여다본다는 건 어느 정도 불편한 경험이니까요. 그래도 이 정도는 대부분의 사람들이 감수할 수준의 불편함으로 여기면서 왜 유독 질 내부를 들여다보는 건 감수하기 어려운 불편함으로 느끼는 걸까요? 여성들이 산부인과 의자를 '굴욕 의자'라고 부르는 이유는 또 무엇일까요? 그 이유를 파고 들어가자면 우리가 정상 내지 이상적이라고 부르는 것들이 어떤 기준에서 나왔는지 따지지 않을 수가 없습니다.

다이어트 약만 해도 그래요. 제 친구 하나는 취업에 성공하고 나서 갑자기 살이 빠지기 시작했어요. 주변 사람들이 이 친구를 만날 때마다 "살 빠졌다" "예뻐졌다"는 말을 했던 모양이에요. 이 친구도 그런 말을 듣는 게 무척 만족스러웠고요. 그런데 3개월쯤 지나 이 친구가 제게 상담을 청해온 거예요. "내가 사실은 다이어트 약을 먹고 있는데 요새 심장이 너무 뛴다"면서요. 이 친구가 먹고 있다는 다이어트 약을 봤더니 정말 한 움큼이었어요. 그 약만 먹어도 배가 부르겠다 싶을 정도로요. 약 내용을 보니 식욕 억제제, 몸에 지방이 흡수되지 않게끔 지방을 곧장 변으로 내보내게 하는 성분, 심장을 빨리 뛰게 해서 대사를 높이고, 몸에 열이 발산되게 함으로써 갑상샘 기능을 항진시키는 성분도 들어 있었고요. 그런가 하면 진통제, 신경 안정제, 수면제 따위 약제도 함께 처방돼 있었어요. 식욕 억제제를 먹고 몸이 힘들

테니 이걸 또 다른 약으로 다스리게 한 거죠. 이 친구가 다닌 병원은 매우 유명한 다이어트 전문 병원이었어요. 공중파 방송의 다큐멘터리 프로그램에 나온 적이 있을 정도였죠. 다이어트의 원래 뜻은 식이조절과 식습관 개선을 통해 건강을 증진하는 거예요. 그런데 건강해지려는 다이어트로 오히려 건강을 해치고 있는 셈입니다.

'레킷벤키저'라는 회사, 혹시 기억하시나요? 가습기 살균제 사건을 일으킨 영국 회사죠. 대부분 이 회사를 '옥시크린' 브랜드로만 기억하실 텐데, 이 회사가 1889년 라이솔Lysol이라는 만능 세정제를 출시한 바 있습니다. 미국이나 영국에서는 굉장히 유명해요. 그런데 이 회사가 라이솔을 홍보하면서 이걸 희석해 욕실 청소나 과일 씻는 데뿐 아니라 질 세정에도 쓰라고 권유한 거예요. '질을 그렇게 관리하다가는 네 남자를 다른 여자에게 뺏기게 될걸?' 내지는 '당신의 결혼 생활이 잘 유지되기를 원하시나요? 그렇다면 이걸 쓰세요'라는 식의 문구와 함께요. 이 광고가 지금은 스미소니언 자연사박물관에 전시돼 있습니다. 역사상 가장 웃긴 황당 광고 10선, 뭐 그런 것에 포함돼서요(청중 웃음). 생각해보세요. 옥시크린을 푼 물에 질을 씻으라니…… 질에서 나는 냄새가 어쨌기에? 왜 질에서 나는 냄새 대신 소독약 냄새가 나야 하는 건가요? 옛날엔 무지해서 그랬을 거라고요? 최근 나오는 질 세정제들도 질에서 꽃향기가 나게 해준다는 광고를 합니다. 왜 질에서 장미향이며, 초원의 향기며 베이비파우더 냄새가 나야 하나요?

여성의학에 스며든 가부장의 모습

인터넷에 뜨는 산부인과 광고들도 한번 볼까요? 제가 산부인과 의사다 보니 '산부인과'라는 키워드로 관련 콘텐츠를 검색해보는 일이 많은데요. 그러다 보니 구글의 온갖 산부인과 광고를 제 컴퓨터 화면에 노출시키게 됩니다. 여러분도 아마 이런 광고 문구들을 보신 일이 있을 거예요. 이쁜이 수술, 못난이 소음순, 자신감 상실의 원인, 이상적인 소음순 모양 등등……이런 광고에 따르면 이상적인 소음순 모양은 양쪽 대칭이어야 한답니다. 하다 하다 이렇게 여성의 내밀한 부분까지도 세세한 관리(마이크로매니징)를 하려 드는구나, 싶을 때가 많아요. 한국뿐만이 아닙니다. 외국에서도 '디자이너 버자이나designer virgina'라는 이름으로 질 축소술, 음순 성형술, 음순 미백 등이 행해지고 있어요. 이걸 대놓고 광고하면서요.

　(여성의 소음순을 '비포' '애프터' '이상적 모양'으로 나눠 전시한 성형수술 광고를 보여주며) 이걸 보면 어떠세요? '애프터'에 쓰인 이미지를 보면 제모가 다 돼 있는 것은 물론 소음순 색깔도 화이트에 가깝죠. 이건 포르노그래피에 가까운 이미지입니다. 소음순 미백 화이트닝이라는 것도 있어요. 소음순 주변 거뭇거뭇하게 착색된 부분을 레이저 시술을 통해 핑크빛으로 바꿔준다는 건데요. 임신 경험이 있는 분들은 아실 텐데, 임신하면 여성 호르몬

이 굉장히 많이 분비됩니다. 그 영향으로 임신선이라고 배 가운데 검은 선이 생기기도 하고, 유두나 성기 주변도 진하게 착색이 됩니다. 이렇게 여성 호르몬에 노출될수록 색깔이 점점 진해지는 것이야말로 여성성의 상징이라 할 수 있죠. 그런데 핑크색이나 흰색이 이상적이라고 강조하는 건 과연 누구를 위한 정상성인 건지 생각해보지 않을 수가 없습니다.

생리대 광고를 보면 '화이트' '시크릿데이' '초흡수' 등을 강조하는 경우가 많죠. 초경량, 초박형도 엄청 강조하고요. 그런데 왜 생리혈은 조금이라도 새면 안 되는 걸까요? 왜 피는 가려야 하는 거고, 생리는 남모르게 해야 하는 걸까요? 결국 '화이트'하기 위해 표백제를 쓰게 되고, '초흡수'를 위해 더 강력한 흡수제를 쓰려다 보니 화학물질을 많이 쓰게 되면서 유해한 생리대가 만들어지는 겁니다. 천연 생리대나 유기농 생리대를 써본 분들은 아시겠지만, 엄청 두껍습니다. 그런데 좀 두꺼우면 어떻습니까? 우리가 궁극적으로 따져봐야 할 건 우리 건강에 미치는 영향 아닌가요?

2012년에 한국여성민우회가 '산부인과 바꾸기 프로젝트'라는 걸 진행했는데요. 당시 설문조사를 하면서 여성들에게 산부인과에서 겪은 불쾌한 경험들을 물어봤어요. 그랬더니 일차적으로는 성 경험이나 낙태 경험을 공개적인 데서 물어본다는 점을 꼽으시더라고요. 진료 정보라 필요한 부분이긴 하겠지만 여성들의 프라이버시를 잘 지켜주지 않는다는 거죠. 그런가 하면

"부부관계의 만족도를 높이기 위해 수술 한번 해보시죠"라면서 이쁜이 수술을 권유받은 경험 등을 꼽았어요. 의료진이 자신을 성적 대상화한다거나, 고정적인 바디 이미지를 갖고 자기 몸을 비교했던 경험 등을 매우 기분 나쁘게 기억하고 있었던 거죠.

제가 성형 등을 전부 부정하는 건 아닙니다. 어떤 사람들에게는 화장이나 성형 등이 자존감을 향상시키는 중요한 도구가 될 수 있죠. 하지만 지금처럼 가부장제·자본주의 사회가 잣대를 만들어놓고 여성 본인의 선택인 양 호도하는 건 문제가 있다는 겁니다. 이런 바디 이미지를 만들어냄으로써 돈을 벌고 있는 사람이 누구인지 확실히 따져봐야죠.

여성의 시각으로 바라보는 여성의 몸

의학에도 가부장성이 공기처럼 스며들어 있습니다. 가부장적인 남성의 시선으로 정상성을 규정할 수밖에 없는 한계를 안고 있죠. 이런 것들이 결국에는 여성의 신체 건강, 정신 건강에 나쁜 영향을 미치고 있다는 점을 부인해서는 안 될 것 같습니다. 제가 여성주의적인 몸 읽기, 여성주의적인 의료가 중요하다고 주장하는 건 이 때문이에요. 여성들이 여성주의를 알게 되는 것 자체가 여성들의 건강에도 좋다고 확신하기 때문에 의사로서 여성주의를 전파하고자 합니다.

여성주의가 몸에 대해 계속 이야기를 하는 이유는 뭘까요? 여성주의는 흔히 다양한 몸과 다양한 아름다움에 대해 얘기하곤 합니다. 여성환경연대의 경우 매년 〈외모? 왜 뭐!〉라는 워크숍을 주최하고 있는데, 여기서 얘기하고자 하는 게 바로 외모의 아름다움이 아니라 다양성입니다.

혹시 미국에서 나온 래밀리라는 인형을 보신 일이 있나요? (바비 인형과 래밀리 인형을 대조한 사진을 보여주며) 래밀리 인형을 만든 디자이너도 본래는 바비 인형을 갖고 놀았다고 합니다. 그러다 이런 생각을 하게 됐다는 거죠. '왜 여자아이들은 이렇게 말도 안 되는 눈 크기와 말도 안 되는 신체 비율을 지닌 인형을 갖고 놀아야 하지? 왜 자기 몸과 비슷한 인형은 없는 거지?' 만약 여성들이 현실 세계에서 바비 인형과 같은 몸을 가졌다면 아마도 골다공증 환자일 가능성이 높겠죠(청중 웃음). 저체중은 당연할 테고요. 이런 문제의식을 갖게 된 디자이너가 자기 몸을 모델로 해서 만든 게 래밀리 인형입니다. 얼마나 친근한가요? 저라면 이런 인형을 갖고 놀고 싶을 것 같습니다. 인형을 통해 내가 얻지도 못하고, 잡지도 못할 이상형을 보면서 열패감을 느끼기보다는요.

실제로 이런 작업들이 다방면에 걸쳐 이뤄지고 있죠. 레고 회사는 2년 전 창사 이래 처음으로 휠체어 탄 캐릭터를 출시했습니다. 장애를 갖고 있는 아이들한테 자신과 같은 장애를 갖고 있는 인형을 만들어주는 소셜 벤처도 생겼죠. (보청기를 끼고 있는 인형을 여자아이가 들고 있는 사진을 보여주며) 아이도, 아이가 안고 있는 인형도 보청기를 함께 끼고 있는 게 보이시죠? 목발을 짚고 있는 인형, 의족을 끼고 있는 인형도 있습니다. 이런 인형만 만들어 아이들에게 보내주는 인형 디자이너도 따로 있어요. 그런가 하면 스웨덴에 있는 한 장애인 단체는 마네킹에 맞춰 내 몸을 변형시킬 게 아니라 내 몸을 기준으로 마네킹을 만들어달라는 활동을 벌이고 있습니다.

예술 분야에서는 요즘 이런 작업들이 굉장히 활발하게 이루어지고 있는 듯합니다. 미국에 다이어트용 단백질 제제를 만드는 회사가 있는데, 이 회사가 여름이 되자 이런 광고를 냅니다. "너, 해변 갈 몸은 준비돼 있니?ARE YOU BEACH BODY READY?" 쉽게 말해 자기네 제품 먹고 다이어트해서 해변 갈 준비를 하라는 뜻이었겠죠. 그런데 이 광고를 보고 여성들이 들고일어납니다. 그러면서 체형도, 나이도, 피부색도 다른 여성 다섯 명이 다양한 수영복 차림을 과시하며 "모든 몸은 준비돼 있어EVERY BODY IS READY"라고 응수하는 패러디 광고를 선보이죠. 참 재미있는 패러디 아닌가요?

본래 의학이라는 게 정상성을 기준으로 해서 정상과 비정상을 가른 다음, 비정상인 걸 정상으로 만들려는 학문이죠. 하지만 정상의 범위는 생각보다 다양합니다. 안면만 해도 좌우 대칭인 사람은 아무도 없다고 하잖아요. 성기의 크기, 모양, 유두 색, 피부색 모두 마찬가지입니다. 신체 모든 부위가 그래요. 여성주의 입장에서 보면 의학에서 말하는 정상과 비정상, 건강과 불건강이라는 담론에도 의문이 생겨요. 의학 교과서의 경우 체중

이 70킬로그램인 남성의 몸을 기준으로 삼고 있습니다. 제가 봤던 해부학 교과서의 경우 처음부터 끝까지 남자 몸을 기준으로 해부학 그림이 나오고, 맨 마지막에 있는 여성 생식기 단원에서만 여자 몸이 나왔어요. 이런 정상성에 대해 문제 제기를 하면서 '우리가 그간 알고 있었던 게 정상이 아닐 수도 있겠다'는 생각을 해보도록 하는 게 바로 여성주의적 세계관의 힘이 아닐까, 하고 저는 생각합니다.

여성주의적 세계관은 외모나 시선이 아니라 건강과 환경에 눈을 돌리게 하죠. 2017년에 SBS에서 〈바디버든Body Burden, 환경호르몬의 습격〉이라는 환경 다큐멘터리를 방영했는데, 환경 호르몬이라든가 유해 화학물질을 무심코 사용하는 생활 습관이 여성 호르몬 체계를 교란시키면서 여성 관련 질환이 얼마나 많아졌는지를 고발한 다큐멘터리예요. 여러분도 이런 걸 보면서 건강한 생활 습관에 대해 한번쯤 생각해볼 수 있으면 좋겠습니다.

질병 경험에 대해서도 다시 생각할 필요가 있다고 봐요. 그간 질병은 정상성에 반하는 것, 따라서 무조건 나쁜 걸로만 치부되곤 했죠. 패배, 루저, 열패감, 상실감…… 이런 것들이 질병을 이해하는 키워드였달까요? 그런데 한국에서 네 명 중 한 명은 암으로 죽습니다. 암 유병률이 점점 높아지고 있고, 평균 수명이 늘어날수록 이런 만성 질병을 갖고 사는 분들이 많아질 거예요. 그런데 이런 질병을 극복하고 물리쳐야 할 대상으로만 여기게 되면 사람이 우울해질 수밖에 없습니다. 내 몸은 노화되어가고,

크고 작은 질병에 노출될 수밖에 없는 게 현실인데도 말이죠. 장애 또한 마찬가지입니다. 원치 않았지만 장애를 입게 된 분들은 평생 불건강한 분들인 건가요? 그렇지 않죠. 질병 경험을 긍정할 필요가 있습니다.

(상반신에 타투가 새겨져 있고, 한쪽 유방이 없는 백인 여성의 사진을 보여주며) 유방암 환우들의 몸에 "이분은 유방암 생존자입니다. 유방 한쪽이 없지만 건강하게 항암 치료를 완료했고 임신까지 하신 분입니다" 같은 긍정 메시지를 새겨 사진 작업을 하는 작가분들이 있습니다. 상처에 타투 작업을 해주는 예술가들도 있어요. 한국여성민우회 또한 여성들의 만성 질병 경험들을 모아 책으로 펴내는 작업들을 하고 있습니다. 여성주의 저널 〈일다〉에도 '반다의 질병 관통기' 등이 연재되고 있죠. 기회가 닿는다면 이런 것들도 읽어보시길 추천합니다.

결국 제가 오늘 드리고 싶은 메시지는 의학이나 미디어가 정해놓은 정상성 내지 이상성에 맞춰 내 몸을 재단하려 하지 말라는 겁니다. 건강 정보를 취사선택해 받아들이되, 내 몸의 상태나 내 몸의 사이클을 가장 잘 관찰하고 판단할 수 있는 사람은 자기 자신이죠. 그러니 내가 내 몸을 관찰하고, 내 몸의 메시지에 귀를 기울여야 한다는 겁니다. 내 몸의 주인, 내 몸에 대한 전문가는 자기 자신이어야 하니까요. 제 진료실을 찾는 분들 중에는 "요즘 생리가 불순한 것 같아서 왔어요"라면서도 "그래서 언제 마지막 생리를 하셨나요? 생리 주기는 며칠 정도인가요?"라고 여쭤보면 대답을 잘 못하는 분들이 많아요. 자기 몸 상태도 잘 모르고, 이걸 표현하는 언어도 없는 분들이 적지 않은 거죠. 그러니 다시금 강조하고 싶습니다. 내 몸에 먼저 관심을 갖고 내가 내 몸에 대한 전문가가 돼야 의사와도 협상을 할 수 있어요. 쏟아지는 질병 정보도 가려낼 수 있고요.

여성의 성性과 몸은 여성들의 것

지금부터는 여성의 성과 재생산에 대한 얘기를 해볼까요? 재생산권 개념에 대해서는 다들 들어보셨나요? 쉽게 얘기하면 이런 거예요. "누구나 자유롭고 책임 있게 누구와 섹스를 하고 언제 임신 출산할지를 계획하고, 임신을 지속할지 중지할지 결정할 수 있으며, 그 과정에서 건강과 안전을 보장받아야 한다." 다시 말해 성적 권리, 성적 건강, 재생산 권리, 재생산 건강 이렇게 네 가지 개념을 포함한 게 바로 재생산권이죠. 한마디로 내 몸에서 일어나는 일들을 내가 결정할 수 있어야 한다는 겁니다. 그러려면 뭐가 정상이고 비정상인지, 내 몸을 관찰했을 때 뭐가 문제인지 등의 기본적인 정보는 알 수 있어야겠죠. 몸에 대해 이렇게 기본적인 정보를 교육 받을 권리 또한 재생산권에는 들어 있습니다. 좀 어렵게 느껴질 수도 있을 텐데, 제가 좀 더 쉽게 풀어 설명해볼게요.

우리가 생활 속에서 아무 생각 없이 자주 하는 표현 가운데 "지금 생리 중이야? 왜 이렇게 까칠해?"가 있습니다. 제가 모 대학 병원에서 산부인과 전공의 과정을 밟았는데, 당시 주임교수님은 제가 개인적으로 굉장히 존경하는 분이었습니다. 다만 성격이 좀 까탈스럽고 예민한 분이었죠. 남자분이었는데 감정 기복도 좀 심한 편이었고, 수술하다 짜증도 많이 내셨어요. 그래서 전공의들끼리는 그 선생님을 두고 "왜 저래? 생리해?"라고 뒷얘기를 하곤 했습니다. 나중에 나이가 드신 뒤에는 "폐경기야? 왜 저래?"라는 뒷말도 했고요. 그런데 나중에 다시 생각해보니, 이런 말들은 생리하는 몸에 대한 비하와 교수님을 여성화함으로써 깎아내리려는 의도에서 나온 말이더라구요. 생리하는 몸은 왠지 불완전하고, 기복이 큰 데다, 예민할 거라는 이미지는 어디서 온 걸까요? 제가 생리에 대해 좀 더 관심을 가지고 알아봐야겠다는 생각을 하게 된 데는 이때의 경험이 계기가 됐던 것 같습니다.

제게는 "정상 주기가 어떻게 돼요?"라고 질문하는 분들이 많아요. "정상적인 생리 양이 궁금해요"라고 묻는 분들도 많죠. 한 마디로 답하자면 '사람마다 다르다'입니다. 생리 주기의 경우 21~35일 사이면 정상 범위에 든다고 봅니다. 28일 주기만 정상이 아니에요. 짐작했던 것보다 정상 범위가 넓죠? 생리 기간도 2~7일 범위에 들면 정상이라고 봅니다. 생리 양의 경우는 20~80시시가 정상인데, 쉽게 설명하자면, 한두 시간에 한 번씩 대형 패드를 흠뻑 적실 정도라면 과다 생리로 병원에서 진료를 받아보는 게 좋습니다. 하지만 그 이하라면 괜찮아요. 생리를 시작하는 나이도 아홉 살 이전, 열다섯 살 이후만 아니면 괜찮습니다.

"생리할 때 까만 피가 나와요"라면서 생리혈의 색깔을 걱정하는 분들도 계시는데, 별로 신경 안 쓰셔도 돼요. 피가 산화되면 색이 까맣게 됩니다. 생리혈 냄새나 생리혈에서 나오는 덩어리, 생리통 등도 크게 문제가 없는 경우가 많아요. 다만 어느 정도 범위를 넘어서면 이상이 있는 걸로 간주해야 하는지, 대충이라도 기준을 알아야 병원을 찾을 수 있겠죠.

생리, 어떻게 생각하세요?

일단은 생리 주기가 21일보다 짧거나 45일보다 길면 병원을 찾는 게 좋습니다. 일 년에 생리를 여덟 번 미만으로 할 경우도 마찬가지고요. 사실 본인의 증상이나 생리 패턴을 표현한다는 게 쉽지는 않습니다. 관심을 갖고 살펴본 적이 없으니까요. 제가 "하루에 생리대를 몇 개나 쓰세요?" 하고 물어보면 그제야 "아!" 하면서 생각을 되짚어보는 분들도 많아요. 병원에서는 하루에 패드를 몇 개나 썼는지 체크해서 과다 생리 여부를 판단하는 경우가 많습니다. 객관적인 의학의 언어와 주관적인 환자들의 증상을 소통시키는 과정이 필요한 것은 분명한데, 여성들이 자신의 몸을 더 많이 관찰할수록 소통 가능성이 더 높아진다는 것도 알아두시면 좋을 것 같습니다.

생리 문제로 산부인과를 찾는 분들이 가장 많이 호소하는 게 생리불순 또는 생리통입니다. 그런데 여기엔 영향을 미치는 자연적인 요인들이 아주 많아요. 영양 부족이나 반대로 과체중 같은 것들이죠. 정신적인 충격이나 이사 또는 이직 등으로 인한 스트레스가 생리에 영향을 미치기도 합니다. 저도 고3 때는 일 년 동안 생리를 세 번 정도밖에 안 했습니다. 그런 만큼 생리불순이나 생리통이 걱정될 때는 자신을 관찰하는 일부터 시작하셔야 합니다. 관찰 결과 앞에서 말씀드린 요인이 없는데도 문제가 지속된다면 그때 병원에 가서서 질환 상담을 받으시면 돼요. 외국에도 '셀프 헬프Self-help'라는 개념이 있는데요. 저는 이처럼 본인이 자조적으로 자기 몸을 관찰하되, 그래도 문제가 있으면 병원을 찾으시라고 교육합니다.

생리 과다나 생리통이 고민인 분들도 많으시죠? 생리 과다의 경우 갑상샘 질환이나 빈혈 등에 의해 야기되기도 하지만, 그게 아닌 경우도 많아요. 그러니 먼저 식습관부터 개선해보시라고 권하고 싶습니다. 생리통 때문에 산부인과를 찾았다가 의사가 "얼마나 아프세요?"라고 묻자 '어? 얼마나 아픈지 이걸 어떻게 얘기해야 하지?' 싶어 주절주절 대답한 경험이 있는 분들도 계실 겁니다. 사실, 이런 질문을 받고 "첫날은 응급실에 갈 정도로 아파 약을 몇 개 먹었고요, 둘째 날은……" 하는 식으로 논리정연하게 답하는 분은 드물죠. 이건 병원과 환자 서로가 의사소통의 합을 맞춰 나가는 과정이기도 한데, 보통 산부인과에서는 생리통에 대해 이렇게 물어봅니다. 일상생활에 지장이 있는지, 학교를 결석

하거나 학교에 가도 양호실에 누워 있어야 하는지, 다리가 저리거나 열이 나는 전신 증상까지 있는지, 진통제를 먹었는데도 증상이 나아지지 않는지 등등. 일상생활에 현격하게 지장이 있거나, 약을 먹어도 생리통이 낫지 않거나, 복용하는 진통제 개수가 점점 늘어날 때는 병원 진료를 받아보는 게 맞습니다.

조금 더 설명드리자면, 생리통의 경우 1차성과 2차성 통증이 있어요. 흔히 통증이 심해 병원을 찾으면 "근종이 있을지도 모릅니다. 검사를 해보셔야 해요"라고 말하는데, 이처럼 염증이나 근종 같은 원인 때문에 생기는 통증을 2차성 생리통이라 합니다. 하지만 1차성 생리통은 원인이 없이도 생겨요. 평상시 자궁은 자기 주먹 크기 정도라고 보시면 됩니다. 그런데 생리 때가 되면 자궁이 충혈이 되면서 조금 붓고 커져요. 이런 상태에서 생리혈을 배출시키기 위해 짜는 힘이 생기는 겁니다. 이 때문에 통증이 생길 수밖에 없어요. 이것을 1차성 생리통이라고 합니다.

자궁 모양도 사람마다 달라요. 여성의 70~80퍼센트가량은 자궁이 앞으로 살짝 기울어져 있습니다. 그런데 나머지 20~30퍼센트는 자궁이 뒤로 젖혀져 있거나 앞으로 굽어 있는데, 그 정도가 너무 심한 경우가 있어요. 수직에 가까운 자궁도 있고요. 이런 경우는 정상이냐 비정상이냐가 문제가 아니라, 다만 체질적으로 생리통이 심할 수 있습니다. 주변에서 보면 아기 낳고 나서 생리통이 나아졌다는 여성들이 있죠. 근거 없는 얘기가 아니에요. 출산을 통해 자궁의 축이 바뀌기도 하니까요. 그렇다고

"결혼해서 아기 낳으면 나아" 하면서 마치 출산이 생리통 치료법인 양 말하는 건 문제가 있겠죠.

생리통도 자조 요법이 있다는 것 알고 계시나요? 대표적인 게 스트레스 해소입니다. 스트레스가 높아지면 혈중에 아드레날린이라고 공포·각성을 담당하는 호르몬 수치가 올라갑니다. 그러면 자궁에 염증 물질이 더 많이 만들어지면서 통증이 더 심해져요. 술·담배, 유제품, 정제 탄수화물을 피하는 것도 생리통을 줄이는 데 도움이 돼요. 우리 식습관이 서구화되면서 여성과 관련된 질병이 많이 늘고 있는데, 특히 치킨이나 피자 같은 데 들어 있는 동물성 지방은 여성 호르몬을 과잉 생산하는 주범 가운데 하나입니다. 유방암, 자궁내막암, 자궁내막증 등도 모두 여성 호르몬의 과잉 생산과 관계돼 있어요. 생리통이 심한 분은 동물성 지방이 들어 있는 음식을 피하고 견과류에 들어 있는 필수 지방산이나 종합 비타민, 마그네슘 제제를 추가로 드시는 게 많이 도움이 될 거예요.

생리통이 심해도 "약을 먹으면 안 좋대요" 하면서 버티는 분들도 많은데, 그렇지는 않습니다. 위염이나 위궤양이 있는 분, 또는 신장 기능이 좋지 않은 분이 관성적으로 진통제를 먹게 되면 문제가 되겠지만, 그렇지 않은 경우라면 진통제를 먹지 않고 끙끙거리며 참는 상황이 오히려 더 스트레스를 유발할 수 있습니다. 저라면 진통제를 먹고 몸이 좀 이완된 상태에서 운동을 하는 편이 훨씬 낫다고 권하고 싶어요. 약물을 복용하되, 통증이 나타난 초반에 미리 복용하는 방법도 있습니다. 아픈 걸 참고 참다 약을 먹게 되면 오히려 약효가 나타나는 데 시간이 많이 걸리고, 먹는 양도 늘어나게 되니까요. 그러니 생리통이 심한 분은 생리 시작하는 날, 또는 생리 시작 직전에 미리 진통제를 먹는 게 좋다고 저는 교육해드리곤 합니다. 그래야 염증 물질도 덜 만들어지고, 덜 아프니까요.

생리통은 아까 말씀드린 대로 자궁이 수축되면서 생기는 염증인 만큼 몸의 긴장을 풀어주고 이완시키는 게 좋습니다. 핫팩 같은 걸로 몸을 따뜻하게 해주는 것도 좋아요. 요가 자세 중에도 근육을 이완시키는 자세들이 많죠. 코브라 자세, 보트 자세, 고양이 자세, 소 자세 같은 것들요. 물론 염증이나 근종이 있는 경우라면 질환 치료를 해야겠지만, 일반적인 생리통은 이런 교육만으로도 좋아지는 경우가 많습니다.

월경 전 증후군에 대해서도 얘기해볼까요? 월경 전 증후군을 PMSPremenstrual Syndrome라 하는데, 이에 대해서는 양가적인 반응이 있습니다. 먼저 PMS는 정신과 의사들에 의해 만들어진 질병이다, 허구다, 라는 반응이 있죠. 특히 페미니스트들이 PMS에 비판적인데요. 인간이라면 누구나 호르몬 분비에 따른 몸의 기복이 있는 건데, 의사들이 여기에 질병 이름을 붙이고 정해진 가이드라인에 따라 항우울제를 처방하는 등 병을 만들어냈다는 거죠. 한편으로는 일리가 있는 지적입니다. 주의력 결핍 과잉 행동 장애ADHD나 월경 전 증후군 둘 다 의사들이 만든 대표적 질환이긴 하니까요.

하지만 이렇게만 보기에는 실생활에서 너무 힘들어하는 분들도 많아요. 생리 전에는 폭식을 한다든가, 여드름이나 유방통이 심해진다든가, 두통과 불면에 시달린다든가, 몸이 붓는 분들도 있죠. 심지어 제가 만난 환자 중에는 마치 임산부처럼 배가 이만큼 나온 분도 있었어요. 게다가 생리 주기라는 게 세로토닌이라는 호르몬의 변화 때문에 생기는 건데, 이게 우울 감정과 연관이 있거든요. 배란기나 생리 직전에는 세로토닌 수치가 확 떨어지는 경향이 있다 보니 우울감을 호소하는 분들이 있습니다. 월경 전 증후군이라는 게 이처럼 사람마다 증상이 다양하다 보니 일반화하기가 참 어려워요. 그런 만큼 월경 전 증후군은 신화화할 개념도 아니지만 허구로만 치부할 개념도 아니라고 생각합니다. 실제로 고통을 겪는 분들한테는 의학적으로 도움을 줄 수 있는 방법이 제공돼야죠. 제 경우는 고통을 호소하는 분들에게 약물을 처방하기도 하지만, 그전에 체중 감량·운동·요가 등을 통한 생활 습관 개선이나 생약 성분을 사용할 것을 권하는 식으로 단계적 접근을 선호하는 편입니다.

생리대는 어떤 걸 써야 하나요?

생리와 관련해 제가 작년부터 굉장히 많이 받게 된 질문이 있어요. 그래서 이 얘기도 오늘 해야겠다고 생각하게 됐는데, 바로 생리대 얘기입니다. 많은 분들이 저한테 "그래서 어떤 생리대를 써야 하나요? 선생님은 어떤 걸 쓰시나요?"라고 물으시는데, 일단 저는 천 생리대를 씁니다. 과거 레지던트를 할 때는 어쩔 수 없이 일회용 생리대를 썼죠. 가끔은 기저귀형 생리대도 썼습니다. 수술 한번 들어가면 열두 시간씩 수술실을 지켜야 하는 일도 있었으니까요. 그 뒤 여유가 좀 생기고부터는 웬만하면 천 생리대를 쓰고 있습니다. 생리컵도 가끔씩 써요. 제가 특정 생리대를 여러분께 추천하기는 좀 그렇습니다. 개인적으로는 어떤 생리대가 나한테 맞는지 알아보기 위해 전부 다 한 번씩 써보는 게 좋다고 생각하니까요. 최근 문제가 된 생리대 제품을 이제껏 계속 써온 분도 계실 테고, 딱 한 번 써봤는데 트러블이 생겼다는 분들도 계실 거예요. 그런 만큼 직접 시도를 해보는 게 좋습니다. 다만 그전에 굉장히 다양한 선택지가 있음을 아는 게 중요하겠죠. 저는 그런 의미에서 우리 사회가 생리대에 대해 다양한 정보를 제공하고, 여성들 또한 이런 정보에 대해 잘 알고 있어야 한다고 생각합니다.

(초등학교 보건 교과서에 실린 생리대 사용 방법을 보여주며) 아이들에게는 성 교육뿐 아니라 몸 교육도 필요하다, 생리대 사용 방법은 왜 교육시키지 않느냐고 여성 단체 등이 줄기차게 항의했더니 요즘에는 보건 교과서에서도 이런 것들을 다루고 있는데, 여기 보면 일회성 생리대를 소개하면서 양이 많을 때와 적을 때 각각 이런 사이즈를 쓰라는 식으로 안내하고 있어요. 천 생리대에 대해서도 소개하고 있고요.

하지만 이것만으로는 정보가 부족하다는 거죠. 얼마 전 〈피의 연대기〉라고, 여성들이 직접 자신의 생리 경험을 공유하는 다큐멘터리가 나왔는데, 저는 이런 게 매우 고무적인 시도라고 봅니다. 의사가 알려주는 데는 한계가 있으니까요. 생리대의 경우에도 저는 탐폰이나 생리컵 등 더 다양한 선택지가 있다는 걸 알려줄 필요가 있다고 봅니다. 외음부에 염증이 자주 생기는 분들은 탐폰을 쓰는 게 낫겠죠. 탐폰을 쓰면 습하지가 않으니까요. 생리컵도 추천할 만한데, 다만 질염 등이 있는 분은 생리컵을 피하셔야 합니다. 요즘 생리 팬티라는 것도 다양하게 나오고 있는데, 이것도 좋은 대안이에요. 팬티만 입고 있으면 생리혈이 흡수되니, 나중에 이걸 잘 세탁해주기만 하면 됩니다. 저를 찾아온 환자분 한 분이 댄서였는데, 생리 때마다 질염이 재발돼 고통 받는 분이었어요. 알고 보니 이분이 공연 시즌에 들어가면 뮤지컬 연습을 하루에 스무 시간 이상 해야 한대요. 그러다 보니 일회용 생리대에 탐폰까지 함께 쓰는 데도 교체할 시간이 없어 염증이 재발되곤 했던 거죠. 그래서 이분께 생리 팬티를 추천해드렸더니 상태가 많이 좋아졌어요. 이처럼 옵션이 다양하다는 걸 알고 계시는 게 중요할 것 같습니다.

산부인과에 있다 보면 가장 많이 보게 되는 질환이 질염입니다. 진료실에 들어서면서 "질염이 있어서 왔어요"라고 자신만만하게 얘기하는 분들이 많아요. 그래서 "분비물이 많이 나오나요?" "냄새가 심한가요?" "가려운가요? 가렵다면 속이 가렵나요, 겉이 가렵나요?"라고 문진을 하다 보면 사실은 굉장히 정상적인 패턴의 분비물일 때가 적지 않습니다. 그걸 질염이라 착각하는 거죠. 오래 앉아 있다 보면 아랫부분이 찌릿찌릿하게 느껴지곤 하죠? 통풍이 안 돼서 그러는 건데, 이걸 문제라고 생각해 병원에 찾아오시는 거죠. 그러니 통풍을 위해서는 면 속옷과 헐렁한 바지나 치마를 입는 게 좋습니다. 이런 것부터 교육이 필요할 것 같아요.

한 가지 더 말씀드리자면, 외음부와 닿는 속옷은 섬유유연제를 쓰지 않는 게 좋습니다. 외음부를 과하게 씻지 말고, 질 내부는 씻지 말라는 얘기도 하고 싶어요. 조금 전에도 말씀드렸지만 질 안에는 유산균이 살고 있어 정상적인 면역을 담당해주고 있습니다. 그런데 너무 자주 씻거나 질 안에 손을 넣어서 씻게 되면 좋은 유산균까지 씻겨 나가게 될 위험이 있어요. 그러니 강박적으로 씻지 마시고, 외음부가 가려울 때는 오히려 덜 씻는 게 좋습니다. 더 심하게 가려울 때는 병원에서 연고를 처방받아 쓰시는 게 좋고요.

('비누, 소금, 락스, 빙초산, 죽염' 등이라 적힌 프레젠테이션 화면을 보여주며) 이거 실화입니다. 다 제가 진료실에서 경험한 것들이에요. 이런 걸 물에 풀어 외음부를 씻는다는 분들을 지금도 만납니다. 만성 접촉성 피부염이 생겨 병원을 찾으시는 거죠. 이래서 교육이 중요합니다. 도대체 이런 내용들은 언제나 보건 교과서에 실릴 수 있을까요?

그런가 하면 여성 청결제를 쓰는 것에 대해 질문하는 분들도 많아요. 여성 청결제는 산성으로 된 비누입니다. 산도 자체를 약산성으로 맞춰놓았다고는 하나, 비누를 산성으로 만들어 거품이 나게 하려면 계면활성제 같은 화학 약품이 많이 들어갈 수밖에 없어요. 그런 만큼 저는 여성 청결제를 가능한 한 쓰지 말라고 권하고 싶습니다. 그냥 미지근한 물이 가장 좋아요. 그래도 너무 찜찜하다 싶으면 성관계 직후나 생리할 때 등 일주일에 한두 번 정도만 쓰시라고 말씀드리고 싶습니다.

팬티라이너도 가능한 한 사용하지 않는 게 좋습니다. 생리대 못지않게 부작용이 우려돼요. 그나마 생리대는 의약 외품(의약품에 비해 인체에 미치는 영향이 가벼운 물품)인 데 반해 팬티라이너는 공산품입니다. 아무나 만들어 팔 수 있어요. 그러니 화학용품 덩어리인 팬티라이너 말고, 가능한 한 천으로 된 팬티라이너 등을 사용하시라고 권하고 싶습니다. 천 팬티라이너는 요즘에는 대안 생리용품 파는 데서 쉽게 구할 수 있어요. 천 생리대와 달리 일반 속옷과 함께 세탁할 수도 있고요. 이런 걸 한번 써보는 것 자체가 교육이 될 것 같습니다.

이른바 '피의 연대'가 필요한 이유

(그림으로 된 생리 주기표를 보여주며) 지금부터는 배란과 임신에 대해 설명을 드려볼게요. 생물 시간이나 성교육 시간에 이런 그림(76쪽 그림)을 많이 보셨을 텐데, 여성 호르몬이란 게 배란 직전

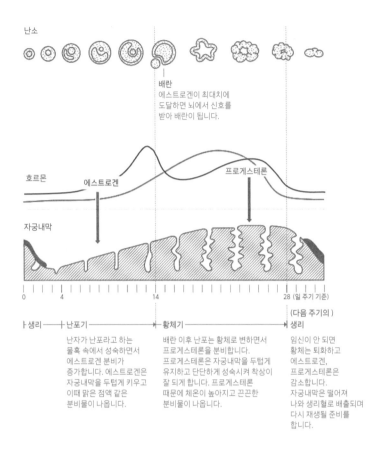

난소

배란
에스트로겐이 최대치에
도달하면 뇌에서 신호를
받아 배란이 됩니다.

호르몬

에스트로겐   프로게스테론

자궁내막

0   4   14   28 (일 주기 기준)
                                    (다음 주기의)

├ 생리 ┼ 난포기 ──────→├ 황체기 ──────→┤ 생리

난자가 난포라고 하는   배란 이후 난포는 황체로 변하면서   임신이 안 되면
물혹 속에서 성숙하면서   프로게스테론을 분비합니다.   황체는 퇴화하고
에스트로겐 분비가   프로게스테론은 자궁내막을 두껍게   에스트로겐,
증가합니다. 에스트로겐은   유지하고 단단하게 성숙시켜 착상이   프로게스테론은
자궁내막을 두껍게 키우고   잘 되게 합니다. 프로게스테론   감소합니다.
이때 맑은 점액 같은   때문에 체온이 높아지고 끈끈한   자궁내막은 떨어져
분비물이 나옵니다.   분비물이 나옵니다.   나와 생리혈로 배출되며
                                            다시 재생될 준비를
                                            합니다.

에 확 올라갔다가 배란 이후 떨어지고, 중간에 다시 약간 올라가

는 패턴을 보이죠. 제가 여성 호르몬에 대해 자꾸 얘기를 하는

이유는 아까 설명드린 대로 여성 호르몬이 우리의 몸 상태나 감

정 기복에 영향을 미치기 때문이에요. 여성 호르몬이 많은 시기,

그러니까 처음 생리를 시작했을 때부터 배란기 전까지는 피부

도 좋고, 기분도 좋고, 의욕도 많이 생기죠. 그러니 이때는 비싼

피부 에센스를 바르거나 피부 관리를 받으셔도 좋아요(웃음).

그런데 배란이 되고 나서부터는 프로게스테론이라는 호르몬이 많이 분비되는데, 이게 부종이나 우울 등과 관련이 있습니다. 그래서 몸에 트러블이 많아지고 다른 변화들도 생기는 거예요. 생리가 끝나면 다시 호르몬 분비가 바뀌면서 몸이 좋아지고요. 물론 귀찮고 불편했던 생리가 끝났으니 당연히 기분이 좋아지는 측면도 있겠지만, 그 이면에 이런 호르몬 작용이 있다는 점을 알고 자기 몸의 패턴을 잘 관찰해보시면 좋을 것 같습니다.

피임을 위해 가임기 계산하는 법은 많이들 아시죠? 생리를 시작한 날로부터 다음 생리를 시작한 날까지를 생리 주기라고 합니다. 이때 다음 생리 예정일로부터 14일 전을 배란일로 잡아요. 그러니까 생리 주기가 28일인 분의 경우는 이전 생리일로부터 배란하기까지의 기간과 배란일로부터 다음 생리하기까지의 기간이 14일로 모두 동일한 셈이죠. 35일 주기인 분은 이전 생리한 날로부터 21째 되는 날이 배란일인 셈이고요. 이렇게 배란일을 잡았을 때 앞으로 5일, 뒤로 2일간이 가임 기간입니다. 정자 생존 기간이 5일이고, 난자 생존 기간은 2일이거든요. 반드시 피임을 하셔야 하는 시기는 이렇게 계산을 하면 됩니다. 문제는 사람마다 생리 주기가 다른데다 조금만 스트레스를 받아도 배란이 미뤄지는 등 배란일이 달라질 수 있다는 거죠. 그런 만큼 자연 주기 계산법을 맹신해서는 안 된다는 것, 다들 기억하시면 좋겠습니다.

이 주기표를 보면서 병원 오기 좋은 시점도 계산해볼까요? 여성 호르몬이 많이 분비되는 시기, 그러니까 생리 끝난 직후부터 배란일까지의 시기는 몸이 많이 부드러워져요. 생리 전 단단하게 뭉쳤던 유방도 이때가 되면 부드럽게 풀리죠. 이렇게 몸이 이완되면 통증도 덜 느끼는 만큼 이 시기에 자궁 초음파, 유방 초음파, 유방 촬영 등을 받는 게 좋습니다. 반대로 자궁경부암 검사는 생리 직전에 받는 게 좋아요. 사실 시기를 꼭 지켜야 하는 것은 아니고 언제든 검사를 받는 게 좋은데, 어쨌든 최적기는 이때라는 겁니다. 특히 초음파 검사의 경우는 생리 주기에 따라 소견이 바뀔 수 있거든요. 아무 때나 검사 받으러 갔다가 "생리 끝나고 다시 오세요"라는 말을 들을 수 있는 만큼 가능한 한 생리 끝나자마자 검사를 받는 게 좋다고 팁을 알려드리는 겁니다.

유방암, 자궁경부암 등 암 검진은 국가에서 해주는 걸 꼬박꼬박 받으시라고 권해드리고 싶습니다. 유방암 검진의 경우 40세부터는 공짜로 검사를 받을 수 있는데, 그 이전이라도 유방암 가족력이 있거나 가슴에 뭔가 만져지는 게 있는 분은 당연히 바로 검사를 받으셔야 합니다. 그렇다면 자궁경부암은 언제부터 무료 검사가 가능할까요? 20세부터 격년으로 가능합니다. 가령 1985생이라면 홀수년도에 무료 검사를 받을 수 있어요. 내가 무료 검사 대상인지 아닌지 헷갈릴 때면 병원에 물어보셔도 됩니다. 바로 조회를 해드릴 겁니다. 20세 이상이고 질 내 (무엇이든) 삽입 경험이 있는 분이라면 격년으로 자궁경부암 검사를 받는 걸 꼭 기억하세요. 레즈비언인 분들의 경우 자궁경부암이나 질염, 성병, 성 매개 질환 등의 위험성을 과소평가하는 경향이 있는데, 이분들 또한 마찬가지입니다. 삽입 경험이라면 성기 삽입만 의미하는 게 아니에요. 손가락 삽입이나 탐폰 삽입 등도 삽입 경험에 포함됩니다.

제가 지금까지 얘기한 내용들을 책으로 읽어보고 싶다면 다음 세 권을 '강추'하고 싶어요. 첫째는 〈마이 시크릿 닥터〉(리사 랭킨 지음, 릿지, 2014)라는 책입니다. '내 친구가 산부인과 의사라면 꼭 묻고 싶은 여자 몸 이야기'라는 부제에서 짐작할 수 있듯 여성이 자기 몸에 대해 궁금한 걸 물으면 산부인과 의사가 아주 쉽게 답하는 형식으로 쓰여 있는데, 재미있게 술술 읽을 수 있어요. 〈우리 몸 우리 자신〉(보스턴여성건강서공동체 지음, 또하나의문화, 2005)이라는 책은 미국 보스턴여성건강서공동체라는 페미니스트 그룹이 쓴 책인데요. 가부장적 관점에서 쓴 의학서가 아니라 내가 내 몸에 대해 알고, 건강 관리를 할 수 있는 방법 등을 쓴 일종의 건강 바이블이에요. 한의학, 침술, 우리 몸에 좋은 생약 성분까지 온갖 것들이 집대성돼 있어 굉장히 유익합니다. 〈여성의 몸 여성의 지혜〉(크리스티안 노스럽 지음, 한문화, 2000)라고 산부인과 의사가 쓴 다른 책도 있는데, 이것도 건강 바이블이라 할 만합니다. 감정적인 부분부터 노화를 대하는 자세에 이르기까지, 페미니즘적인 관점에서 아주 잘 쓴 역작입니다.

요즘 여성의 몸과 관련된 이슈가 사회적으로 계속 공론회되고 있는데, 그 첫 번째가 생리와 관련된 이슈였죠. 이건 한국뿐 아니라 전 세계적으로 2~3년 전부터 제기되고 있는 이슈인데요. 왜 탐폰이나 생리대에 부가가치세, 특별소비세 따위가 붙어야 하는 건지, 다시 말해 왜 생필품인 탐폰·생리대가 사치품으로 규정돼 부가가치세 부과 대상이 돼야 하는 건지 여성들이 문제 제기를 시작한 거죠. 그런가 하면 한국에서도 다큐멘터리 〈피의 연대기〉처럼 자신들의 생리 경험이나 생리컵에 대한 담론 등을 SNS에서 공유하는 움직임이 활발하게 일어나고 있죠. 2017년에는 이른바 '깔창 생리대' 사건을 통해 저소득층 여성 건강권에 우리 사회가 어떻게 접근해야 할지에 대한 문제 제기가 폭넓게 이뤄지기도 했습니다. 그런가 하면 생리대 파동 이후로는 정부가 여성 몸에 닿는 생필품에 대해 주기적으로 제대로 조사를 하라는 요구가 터져 나오고 있죠. 여러분도 여성환경연대가 하고 있는 생리대 경험 조사 등에 적극적으로 참여해주시면 좋겠어요. 결국에는 우리 경험이 모여야 이슈가 가시화될 수 있으니까요.

내 몸에 맞는 피임법은 어떻게 찾아야 하나

다음은 재생산권의 두 번째 이슈, 성교육과 피임의 권리입니다. 아까 말씀드린 대로 언제 임신을 하고 출산을 할지 내가 결정할 권리, 내 몸에 맞는 피임 방법을 알고 적절한 비용으로 안전하게 피임을 할 권리, 적절한 성교육을 받을 권리 등이 모두 재생산권에 포함되는 건데요. 〈우리가 만드는 피임 사전〉이라고, 제가 '건강과 대안'이라는 연구 공동체와 함께 발간한 조그마한 소책자가 있습니다(포털 사이트 '다음' 백과사전에서 무료로 볼 수 있다). 그 책에 굉장히 많은 피임법이 소개돼 있는데, 중요한 건 내게 맞는 피임법을 찾아가는 과정이라는 생각이 들더라고요. 이런 문제의식으로 관련 사이트들을 찾다 눈에 띈 게 산부인과 선생님들이 만든 피임 관련 홈페이지였습니다. 그 홈페이지를 보니 나의 생리 주기는 정확한지, 피임 요구를 상대가 적극적으로 수용하는지, 몸에 다른 질환은 없는지, 담배를 피우는지 등을 체크한 뒤 내게 맞는 피임법을 추천해주는 코너가 있더라고요. 신이 나서 체크를 했죠. 그런데 추천 결과가 자연 주기 계산법, 그리고 난관 수술과 정관 수술이었어요. 자연 주기 계산법은 안 된다고 제가 그렇게 얘기했건만!(청중 폭소) 인공지능이 등장한 시대에 이렇게 피임 관련 플랫폼조차 제대로 만들어져 있지 않은 게 우리 현실입니다.

사실 피임을 하려면 고려해야 할 게 정말 많죠. '나는 약을 먹는 건 죽어도 싫어. 호르몬이 내 몸을 교란시키는 게 싫다고' 하는 분도 계실 테고 '파트너가 날 어떻게 볼지 걱정돼' '가족들이랑 함께 살고 있어서 피임약을 드러내놓기가 좀 그래' 하는 분도 계실 겁니다. 그런 의미에서 우리 사회는 피임에 대한 접근성이 지금보다 훨씬 높아져야 합니다. 피임약이나 응급 피임약을 약국에서 살 수 있는 건 기본이고, 피임을 처음 시작할 때 병원에서 상담을 받아볼 수 있게끔 산부인과 접근성도 높아져야 해요.

피임은 참 중요하지만 단어로서는 좀 아쉬운데요, 피임避妊이라는 한자 자체는 임신을 피한다는 뜻이죠. 이것처럼 피임 하면 임신을 피하기만 하면 된다고 생각하는 분들이 많은데, 영어로는 '피임contraception'이라는 전문 용어 외에 '패밀리 플래닝family planning'이나 '버쓰 컨트롤birth control'이라는 단어도 많이 씁니다. 실제로 내가 내 몸에 대한 주권과 자율성을 갖고 언제 임신과 출산을 할지, 어떻게 가정을 꾸려나갈지 내 삶을 설계life planning하고 컨트롤life control하는 건 매우 중요한 일일 수밖에 없죠. 또, 성 매개 질환을 예방한다는 측면에서도 피임은 중요하다는 겁니다. 성 매개 질환을 원천적으로 예방하는 방법은 금욕과 자위밖에 없어요. 그게 아니라면 오럴 섹스에서건 삽입 섹스에서건, 동성 관계에서건 이성 관계에서건 내가 아닌 타인을 만날 때 성 매개 질환을 예방하는 건 매우 중요한 일이고, 콘돔이나 페미돔, 손가락 콘돔 같은 보호막을 강조하는 이유도 그 때문입니다.

혹시 상재균(생체의 특정 부위에 정상적으로 존재하는 세균)이란 개념에 대해 들어보셨나요? 내 장기 안에는 대장균이 살고 있고, 입 안에는 충치균이 살고 있죠. 내 몸에 기본적으로 살고 있는 이런 세균들과 나는 공생 관계를 유지하고 있습니다만, 타인은 또 다른 생태계입니다. 곧 타인을 만난다는 건 생태계 두 개가 서로 만나는 과정인 거죠. 그런 만큼 처음 키스를 한다든가 성관계를 맺을 때는 두 개의 세계가 충돌할 수밖에 없습니다. 나중에 서로가 익숙한 관계가 되면 침이라든가 성기, 피부에 있는 균을 공유하게 되죠. 그러면서 트러블도 사라지게 됩니다. 그런 만큼 첫 섹스라든가 원 나이트 이후 며칠이 안 돼 트러블이 올라온다면 이건 서로 다른 세계가 맞부딪쳐 생긴 충격파로 이해하시면 됩니다.

미국 질병관리본부CDC에서는 20대는 일 년에 한 번, 또는 성관계 파트너가 바뀌었을 때, 의심되는 증상이 있을 때 성 매개 감염증STI 검사를 받아보라고 권유합니다. 검사 결과 둘 다 괜찮을 때는 문제가 없겠지만, 검사 결과가 나오기 전이라면 다른 사람과 접촉할 때 기본적인 예의를 지켜야죠. 이를테면 우리가 기침을 할 때는 입을 가리잖아요. 악수를 하기 전에는 손을 닦고요. 이런 것처럼 다른 사람 몸에 들어갈 때는 콘돔이든 뭐든 한 겹을 쓰는 게 예의라고 저는 생각합니다. 손가락 삽입도 마찬가지예요. 요즘에는 손가락 콘돔이나 라텍스 장갑도 많이 파니까 이런 걸 이용하면 됩니다. 외국 성교육 책에 보면 사실 이 부분을 굉장히 강조하고 있어요. 심지어는 오럴 섹스를 할 때 덴탈 댐dental dam을 붙일 것을 권유하는 책도 있습니다. 덴탈 댐이 뭐냐면, 우리가 치과에 가면 얼굴에 얇은 라텍스 같은 걸 한 장 씌우고 진료를 하는 걸 볼 수 있죠. 피랑 물이 튀지 않게 하기 위해서인데, 이걸 덴탈 댐이라 합니다. 약국에서도 팔아요. 그러니 오럴 섹스를 할 때도 이걸 이용하라는 거죠.

그런데 한국에서는 성병에 대한 터부 내지 낙인이 강하죠. 성병은 문란한 사람이나 걸리는 것이라는 인식 때문에 자기도 성병에 걸릴 수 있다는 생각을 잘 못 합니다. 그러다 보니 산부인과 검진이나 예방도 잘 안 하려 들고요. 그랬다가 나중에 증상이 나타나고서야 치료를 받는 분들이 많은데, 조금 전에 말씀드린 대로 성병 검진은 성 관계 파트너가 바뀌었을 때라든가, 뭔가 미심쩍은 부분이 조금이라도 있을 때 미리 해보는 게 맞습니다. 내가 성병인 줄 모르고 있다가 유착, 염증을 일으켜 불임으로 이어지는 경우도 상당히 많아요. 그러니 상대와 접촉할 때는 나에 대한 보호 겸 상대방에 대한 배려 차원에서 필요한 예의를 꼭 지켜주시기 바랍니다. 요즘에는 돌기형 콘돔이나 손가락 콘돔 등은 물론 열나는 윤활제 등도 다양하게 나와 있습니다. 이런 걸 이용하면 성감을 증가시키면서 더 즐거운 섹스 라이프를 즐길 수 있을 거예요.

성교육이란 게 이런 내용들을 포괄적으로 다룰 수 있어야 하는데, 아직 한국의 성교육 현실은 답답한 수준이죠. 저만 해도 낙태 비디오를 보며 성교육을 받은 세대거든요. 요즘엔 그나마 달라졌다는데, 교육부에서 나온 '성교육 표준안'을 보면 그렇지도 않은 것 같습니다. "데이트 성폭력은 여자가 데이트 비용을 안 내서 생긴다" "이성 친구와 단둘이 있지 않는다" "친구들끼리 여행 가지 않는다" "지하철에서 성추행을 당하면 실수인 척 발등을 밟는다" 등등…… 이게 정말로 보건 교사들에게 내려온 성교육 표준안이에요(청중 한숨). 여길 보면 성폭력 예방법에 대해서도 나와 있는데, 그 내용이 "밤늦게 다니지 마라" "짧은 치마 입지 마라" 같은 겁니다. 몇 십 년 전과 똑같은 얘길 하고 있는 거죠. 성교육이 더는 이래서는 안 됩니다. 좀 더 통합적인 성교육이 이뤄져 누구나 과학적이고 정확한 정보를 제공받을 수 있어야 하며, 이런 권리를 누리지 못할 때는 정부에 문제 제기를 해야 한다는 인식을 가져야 합니다.

초등학교에 성교육을 하러 가면 남자아이들 앉아 있는 자세만 봐도 이른바 '야동'을 몇 번이나 봤는지 알 수 있어요. 보통 한국에서는 초등학교 4~5학년을 상대로 성교육을 하는데, (책상에 몸을 기댄 채 거들먹거리는 자세로 앉아 있는 흉내를 내며) 이런 자세를 하고 제가 무슨 얘기를 하든 관심 없이 듣는 아이들이 있는 한편 어떤 아이들은 굉장히 부끄러워하며 제 얘길 들어요. 그 나이만 돼도 미리 야동 따위를 본 아이들이 또래 집단 내부에서 권력을 갖고 발언권을 행사하는 거죠. 그러니 이런 편차가 생기기 훨씬 전부터 성교육을 시작해야 합니다.

대개 네 살 정도가 되면 아이들이 "엄마는 이게 있는데 왜 나는 없어?" 하면서 자기 몸에 관심을 가지게 되죠. 성이라는 개념에 대해서도 알게 되고요. 그런 만큼 외국에서는 예닐곱 살 때부터 콘돔이나 피임 교육을 시작합니다. 스웨덴에서는 성교육학을 이수해야 교사가 될 수 있다고 해요. 이런 나라들의 경우 10대 임신율이 낮고, 낙태가 합법화돼 있는데도 불구하고 인공 임신중절 비율 또한 현저히 낮은 경향을 보이죠. 우리도 제도권 교육은 물론이고 청소년 단체 등을 중심으로 이런 성교육 저변이 확대돼야 할 것 같습니다.

성폭력을 당했을 때 취해야 하는 행동, 72시간, 1366

성폭력을 당하지 않을 권리, 원하는 사람과 원하는 때 사랑할 권리, 이것도 재생산권의 큰 이슈 중 하나입니다. 제가 성폭력 전담 의료 기관을 운영하다 보니 성폭력 피해자들을 많이 접하게 되는데요. 내가 만약 피치 못할 상황에서 성폭력을 당했을 때 가장 중요한 것은 가해자가 적법하면서도 온당한 처벌을 받는 것일 텐데, 그것 말고도 이런 상황에 처했을 때 의료적으로나 제도적으로 도움을 받을 수 있는 자원들이 생각보다 많이 있습니다. 제가 의료 기관에 있는 만큼 의료적 지원 위주로 소개해드리자면, 일단 성폭력 사건 직후 성폭력 전담 의료 기관을 찾으면 응급조치 키트를 제공받을 수 있어요. 이걸 통해 증거물을 채취하고, 임신이나 성병을 예방하는 각종 백신을 접종 받을 수 있는 거죠. 응급조치 키트 비용과 치료 비용은 여성가족부가 전액 지원합니다.

조금 전에 말씀드린 대로 성폭력 피해자의 경우 정신적 트라우마도 문제지만 염증 등으로 인해 자궁경부암 위험이 높아질 수 있어요. 그런데도 병원에서 검사를 마치고 약을 타간 뒤 다시는 병원을 찾지 않는 분들도 많습니다. 왜 안 오시냐고 물어보면 병원에 올 때마다 그날의 기억이 떠올라 싫다고 하세요. 이 때문에 저는 성폭력 피해자가 처음 진료실을 찾아오셨을 때 이런 부분에 대한 설명을 상세하게 드리는 편입니다. 지금의 진료 경험이 앞으로의 건강을 좌우하니 건강검진을 잘 받고 백신을 접종 기간에 맞춰 잘 맞는 게 중요하다는 식으로요. 이렇게 검사와 백신 접종 일정을 조정해 피해자의 상태를 지속적으로 추적·관찰하려 노력하고 있습니다.

여러분도 '1366(여성긴급전화)' 이 번호만은 꼭 기억해주시면 좋겠어요. '119'를 기억하듯이. 당장 성폭력 피해가 발생했을 때도 그렇지만, 과거에 입었던 성폭력·성추행 피해 경험이 나를 힘들게 한다 싶을 때는 그에 대한 상담도 받을 수 있습니다. 당시의 경험으로 인해 건강에 문제가 생겼다고 의심될 때 무료 검진도 받아볼 수 있어요. 그러니 현재의 사건뿐 아니라 과거 사건이라도 1366에 문의하세요. 주변에 있는 전담 의료 기관이나 성폭력 상담소, 원스톱 센터 등을 안내해드릴 겁니다. 만에 하나, 원치 않는 성폭력 사건이 발생했을 때는 72시간 이내에 검사받고 증거물을 채취하는 게 매우 중요합니다. 특히 약물에 의한 강간이 의심될 때는 더욱 그렇죠. 그러니 샤워나 양치, 뒷물을 하지 말고, 옷도 갈아입지 말고 이들 기관을 72시간 이내에 찾아주시기 바랍니다. 여기 오신 분들이 '72시간'과 '1366' 이 두 가지 키워드만은 꼭 기억해주시면 좋겠습니다.

임신중절을 받을 권리는 건강권이자 인권

재생산권에서 제일 대표적으로 여겨지는 낙태권 이야기를 해보죠. 엄밀히 말하자면 낙태권이라기보다 안전한 인공 임신중절을 받을 권리에 대한 얘긴데요. 5월 24일 헌법재판소에서 낙태한 여성을 처벌하는 형법 조항이 헌법상 보장된 권리에 위배되는지 아닌지를 따지는 최종 변론이 시작될 예정이죠(이 강의는 2018년 5월 24일 이전에 이루어졌다). 아마도 2019년까지는 낙태죄에 대한 얘기가 많이 거론될 것으로 보입니다.

원하지 않는 임신은 언제, 어디서나 있어왔죠. 제가 오늘 피임에 대해 여러 번 강조했습니다만 그 어떤 피임법도 100퍼센트 완벽하지는 않으니까요. 피임 성공률이 가장 높다는 난관 수술이나 정관 수술도 성공 확률이 99.7퍼센트예요. 자연적인 실패가 있을 수밖에 없는 거죠. 피임약이나 콘돔의 경우는 더 말할 나위 없습니다. 날마다 8시 정각에 정확히 챙겨 먹어야 하는 피임약을 깜박 잊고 못 챙겨 먹을 수도 있고, 콘돔을 쓰다 찢어진다거나 사용법을 제대로 몰라 잘못 쓰는 경우도 생기니까요. 더욱이 준비되지 않은 섹스나 성폭력 상황에서는 피임 협상 자체가 제대로 될 수가 없죠. 상황에 따라 임신을 더 이상 원하지 않게 될 수도 있습니다. 임신 기간 중 갑자기 남편이 사망하는 경우도 있고요. 제가 담당한 환자의 경우는 임신 20주가 됐는데도 계속되는 가정 폭력에 시달리다 급기야 이혼을 결심하고 낙태를 희망한 사례도 있었습니다. 통계로 봐도 한국 여성 네 명

중 한 명은 평생 한 번 이상 인공 임신중절을 경험하는 걸로 나오죠.

외국 상담기관 사이트에 접속하면 임신에 대해 굉장히 중립적으로, 포괄적인 정보를 제공하는 걸 볼 수 있어요. "지금 내가 내 몸을 통해 새로운 생명을 이 세상에 탄생시키려 하는데 나는 지금 준비가 돼 있나? 지금이 적절한 시기라고 생각하나?"라는 질문을 먼저 던진 뒤 "예"라고 대답하면 임신을 유지하기 위해 어떤 검사를 해야 하고 어떤 산전 관리를 받아야 하는지 소개하고, "아니요"라고 대답하면 유산이나 입양 관련 정보를 상세히 제공하는 식이죠. 실제로 인공 임신중절이라 하면 '소파 수술'만 떠올리는 분들이 많을 텐데요. 혹시 약물로 하는 인공 임신중절에 대해 들어보신 분도 계신가요? 임신 12주 이내에 복용하면 자연 유산을 유도하는 미페프리스톤mifepristone이라는 약인데, 흔히 '미프진'이라 불리죠. 1986년에 만들어진 약물이니 벌써 세상에 나온 지 30년이 넘었습니다. 그사이 안정성이라든가 효과성 등이 거의 입증됐고, 전 세계적으로도 66개국에서 공식적으로 도입되어 사용되고 있죠. 세계보건기구WHO 필수 의약품으로도 등재가 돼 있고요. 미프진의 경우 임신 초기에 잘 쓰면 몸에 위해를 가하지 않고 안전하게 인공 임신중절을 할 수 있는 것으로 알려져 있습니다. 핀란드, 스웨덴 같은 경우는 전체 인공 임신중절의 90퍼센트 이상을 약물로 하고 있어요. 그런데 한국에서는 약물석인 인공 임신중절이 아예 도입조차 되지 않고 있습니다. 인공 임신중절 자체가 불법이기 때문이죠.

그런가 하면 인공 임신중절 방법 중에는 소파 수술처럼 태아를 긁어내는 방법 말고 진공으로 흡입해 자궁에 상처를 덜 남기는 방법도 있어요. 그런데 이런 정보를 통합적으로 제공하는 외국과 달리 한국에서는 포털 사이트밖에 기댈 데가 없는 거죠(청중 한숨). 지금 바로 포털 사이트 검색창에 '임신'이라는 키워드를 쳐보세요. "콘돔을 두 겹 끼고 질 내 사정을 하면 괜찮나요?"처럼 부정확한 정보들이 돌아다닙니다. 낙태도 마찬가지예요. 이렇게 정보가 음성화되면 무슨 일이 생기는 줄 아세요? 지난 2010년 프로라이프라는 의사 단체가 낙태 시술을 하고 있는 병원들을 고발한 적이 있어요. 그 바람에 국내 병원들이 낙태를 기피하자 일본이나 중국으로 원정 낙태를 가는 등 임신을 원치 않는 여성들이 대혼란에 빠졌죠. 그런데 당시 고3이었던 여학생이 수능을 치른 뒤 그간 모아놓았던 비용으로 불법 낙태 시술을 받다 사망한 사건이 생긴 거예요. 이처럼 낙태를 불법화하면 여성들이 위험에 빠지게 돼 있습니다. 안전하지 못한 낙태로 사망하는 여성이 전 세계적으로 하루 200명에 달해요. 그런가 하면 낙태죄가 여성에 대한 협박 수단으로 쓰이기도 해요. 성폭력상담소에 걸려오는 낙태 관련 상담의 80~90퍼센트는 남편이나 시댁, 또는 전 남자친구가 자기를 낙태죄로 고소하려 한다는 겁니다.

현실이 이런데도 우리나라 형법은 낙태를 일단 죄로 규정해놓고, 모자보건법 14조에 약간의 예외조항을 만들어놨어요. 우생학적 또는 유전학적인 장애가 있거나, 본인이나 배우자가 감염성 질환이 있을 때는 낙태를 할 수 있다는 식으로요. 강간 또는 준강간에 의해 임신이 된 경우도 예외 조항에 포함이 돼 있긴 합니다. 그런데 막상 병원에 가면 "당신이 성폭력 피해자라는 것을 증명해 와라, 판결문을 받아와라" 하는 식으로 나와요. 형법 자체가 낙태를 불법으로 규정하고 '낙태=나쁜 짓'인 양 낙인을 찍다 보니 성폭력 피해 여성들이 합법적으로 누려야 할 권리조차 누리지 못하고 있는 거죠.

전 세계 통계를 보면 여성들이 사회경제적 사유에 의해 인공 임신중절을 결정할 권리가 있는 나라가 67개국에 이르고, 본인의 요청만으로 인공 임신중절을 결정할 권리가 있는 나라 또한 54개국에 달합니다. 나라마다 임신중절이 가능한 임신주수에 제한을 두고 있기는 합니다만, 이렇게 임신중절 합법화가 세계적인 대세라는 거죠. 더욱이 1996~2009년간 전 세계 인공 임신중절 추이를 조사한 자료에 따르면, 인공 임신중절을 합법화한다고 낙태율이 늘어나는 것도 아니에요. 처음에야 약간 가시적인 증가 현상이 눈에 띄지만 장기적으로 보면 낙태율에 큰 변동이 없습니다.

반면, 안전하지 못한 낙태는 여성을 죽입니다. "한국에서는 그래도 산부인과 의사들한테 수술을 받을 수 있지 않느냐?"라고 반문하는 분들도 계시던데, 미프진 사례에서 볼 수 있듯 한국 여성들은 좀 더 안전하고, 좀 더 선진적인 기술 개발의 산물을 누리지 못하고 있죠. 그러면서 낙태 관련 합병증이나 낙태 관련 사망 사건이 보고되고 있습니다. 불법 낙태 시술을 받는 여성들은 대개 수술을 받다 합병증이나 과다 출혈이 발생하거나, 큰 병원으로 옮겨 추가적인 처치를 받아야 하는 상황이 생길지라도 이 병원에 책임을 묻지 않겠다는 각서를 쓰곤 하는데요. 아니, 다른 의료 서비스를 받으면서 우리가 이런 각서를 쓰는 경우도 있나요? 그런 의미에서 이건 환자의 권리 문제이자 여성의 건강권 문제라는 겁니다.

(검은 옷을 입은 여성들이 단체로 모여 시위를 하는 모습을 보여주며) 이건 2016년 10월 폴란드에서 벌어진 일명 '검은 시위'입니다. 가톨릭 국가인 폴란드는 매우 보수적이라 본래 우리보다 훨씬 강하게 인공 임신중절을 금지하고 있었습니다. 생명의 위협이 있을 때만 인공 임신중절을 허용하고, 나머지 경우는 전부 금지할 정도였어요. 그런데 보수 정권이 집권한 뒤 생명의 위협이 있을 때조차도 인공 임신중절을 전면 금지하게끔 하는 법 개정안을 통과시키려 하자, 이에 맞서 폴란드 전체 여성 인구의 10분의 1가량이 검은 옷을 입고 검정 우산을 든 채 시위에 나선 거죠.

여기에서 영감을 받아 한국 여성들도 2016년부터 '검은 시위'를 벌이고 있습니다. 2016년 보건복지부가 의료 관계 행정처분 규칙 일부를 개정하려 한 게 계기가 됐어요. 이른바 '비도덕적 진료 행위'를 한 의사에 대한 자격 정지 기한을 현재의 1개월에서 최대 12개월까지 늘린다는 게 개정안 내용이었는데요. 이렇게 되면 불법으로 인공 임신중절을 하는 의사들이 위축되면서 여성 건강이 위협받을 게 불 보듯 뻔했죠. 그래서 여성들이 검은 옷을 입고 시위에 나선 건데, 2016년 12월 보건복지부가 법 개정을 포기한 뒤로도 여성들은 검은 시위를 지속해오고 있습니다. 한국에서는 인공 임신중절이 여전히 불법이기 때문이죠. 헌법재판소 공개 변론이 시작되면서부터는 2016년 '검은 시위' 이후 만들어진 '모두를 위한 낙태죄 폐지 공동 행동'의 활동들, 청와대 청원 운동, 낙태죄에 대한 헌법소원까지 다양한 운동과 논의가 활발하게 벌어지고 있습니다.

다시 말씀드리지만 안전한 인공 임신중절을 받을 권리는 건강권이자 인권 차원에서 바라보아야 합니다. 물론 저와 생각이 다른 분들도 있을 거예요. 하지만 '내가 나 개인의 윤리와 신념으로 낙태를 선택할 것이냐, 말 것이냐' 하는 것과 '우리 사회가 낙태죄라는 걸 존치시키면서 인공 임신중절을 선택한 여성을 계속해서 죄인으로 보고 처벌한 것인가'는 완전히 별개의 문제입니다. 그런 의미에서 여러분도 이 문제에 대해 지속적으로 관심을 가져주시면 좋겠습니다.

오늘 제가 준비한 얘기는 여기까지예요. 오랜 시간 경청해주셔서 감사합니다(청중 박수).

질의응답

자궁경부암 백신에 대해 알고 싶어요

청중1 최근 들어 생리 양이 줄고 있어요. 수족냉증이 있어 사계절 내내 건강차도 마시고 있습니다. 건강 관리를 어떻게 하면 좋을까요?

윤정원 생리 양은 나이가 들면 줄어드는 게 당연합니다. 다만, 양이 너무 적을 때는 진료를 받아보시는 게 좋은데요. 그 기준은 생리 기간이 이틀 미만이거나, 하루에 사용하는 생리대가 한 장 미만일 때로 보시면 됩니다. 생리 양은 영양 상태 등과 연관이 깊어요. 그러니 수분을 충분히 섭취하고, 필수지방산이나 단백질도 충분히 드시는 게 좋습니다. 이런 걸 충분히 먹는데도 생리 양이 너무 적다 싶을 때는 갑상샘 기능 항진증도 의심해볼 수 있어요.

청중2 자궁경부암 백신 주사에 대해 잠시 언급하셨는데, 요즘 인터넷에 보면 자궁경부암 주사에 대한 정보가 무분별하게 올라와 있습니다. 남자들도 이 주사를 맞는 게 좋다는 댓글도 자주 보이던데, 맞나요? 의사 선생님한테 여쭤봤더니 "의사 아들들은 다 맞힌다"고 답변하시던데요.

윤정원 자궁경부암 검사는 자궁경부에 이상세포가 있는지 없는지 보는 것이기 때문에 여자분들 말고는 받을 수가 없습니다. 그러나 자궁경부암을 일으키는 인유두종 바이러스에 대한 백신은 질문하신 대로 9~26세 남녀에게 공히 권유되고 있어요. 인유두종 바이러스에 감염될 경우 여성은 자궁경부암, 질암 등이 생길 수 있고 남성은 음경암, 항문암 외에 생식기 주변에 생기는 암이 발병할 수 있기 때문입니다. 요즘은 오럴 섹스가 증가하면서 설암이나 구인두암처럼 혀나 인두에 생기는 암 발병률도 높아지고 있어요. 이렇다 보니 남녀 공히 자궁경부암 백신 접종이 권장되고 있는 거죠. 다만 국가적 차원에서 12세 여아들에게만 자궁경부암 백신을 무료 접종하는 것은 자궁경부암 자체가 여성들이 많이 걸리는 여성암 2위일 정도로 유병률이 높고, 치료 비용 등 사회적인 부담도 크기 때문입니다. 그에 비하면 남성들이 걸리는 항문암, 음경암 등은 마이너한 암에 속하긴 합니다만, 어쨌거나 자궁경부암 백신은 남녀 모두에게 권장되는 게 맞습니다. 산부인과 레지던트들은 남녀 관계없이 이 백신을 맞아요. 아무래도 바이러스에 많이 노출될 수밖에 없으니까요.

청중3 자궁경부암 백신에 대해 어떤 사람들은 '부작용이 심하니 맞지 않는 게 좋겠다'고 주장하던데요. 어떤 사람들은 '세 번 맞아야 하는데 두 번 맞아도 괜찮다'고도 하고요.

윤정원 이 부분에 대해서는 산부인과의사회 공식 홈페이지에 있는 내용을 참조하시는 게 맞을 것 같습니다. 일본에서 청소년들이 집단으로 선글라스를 쓰고 나와 자기들은 자궁경부암 백신을 접종한 뒤 불임과 복합부위통증증후군 등이 나타났다고 주장하며 기자회견을 연 적이 있기는 했어요. 그런데 백신 부작용이 그런 식으로 한 지역에서 한시적·집단적으로 생기는 건 불가능하거든요. 그런 만큼 이 사례는 집단적 패닉에서 비롯된 게 아니었을까 추정됩니다. 세계보건기구도 전수조사를 벌인 결과 근무력증, 불임 등과 자궁경부암 백신 간에는 상관관계가 없다고 발표했어요. 본래 자궁경부암 백신 부작용 논란은 〈사이언스〉지에 실린 논문 때문에 촉발된 건데, 그 논문 또한 2018년 철회됐습니다. 일반인에게는 이런 소식이 제대로 전해지지 않다 보니 내용을 잘 모르는 분들이 여전히 많더라고요. 호주의 경우는 전 국민을 대상으로 자궁경부암 백신 무료 예방 접종을 벌인 지 30년가량이 됐는데, 실제로 자궁경부암 발병률이 떨어진 것으로 나타나고 있습니다. 이에 따라 남성을 포함한 전 국민을 대상으로 백신 접종을 늘려가는 국가가 많아지고 있어요. 접종 횟수에 대해서도 물어보셨는데 14세 이전의 아이들은 두 번만 접종해도 되고요, 14세를 넘어가게 되면 세 번 접종하는 게 맞습니다.

생리를 하지 않게 하는 수술이나 처치는 없나요?

청중4 저는 요즘 불임 문제로 고민하고 있는데, 비슷한 고민을 하는 친구들을 만나 보면 불임 치료를 위해 시도하는 방법들이 전부 다르더라고요. 먹는 약도 다르고, 맞는 주사도 다르고…… 내 몸에 대해 나 자신이 잘 알고 있다 해도 내 몸에 잘 맞는 불임 치료 방식을 찾는다는 건 쉽지 않은 것 같습니다.

윤정원 난임 부분은 개별화된 치료 방법이 있습니다. 배란기 호르몬이 부족한 사람에게는 A라는 프로토콜을 쓰고, 착상기에 자궁내막 성숙이 부족한 분에게는 B라는 프로토콜을 쓰는 식으로요. 그러니 '이게 스탠더드다'라고 말하기는 어려워요. 가톨릭계 의료 병원처럼 일명 나프티 방식이라고 자연주의 임신을 강조하는 곳도 있고, 또 다른 방식을 강조하는 병원들도 있으니 이런 부분에 대한 개인의 선호라든가 본인 컨디션 등을 따져 내게 맞는 프로토콜을 찾는 게 필요할 것 같습니다. 난임 카페에 가보면 눈물 없이 읽을 수 없는 하소연들을 많이 접하게 되는데요. 제가 요즘 〈아기 낳는 만화〉라는 웹툰을 보면서도 느끼는 바지만, 난임 시술 받는 분들이 이렇게 자기 경험담을 나눠주시는 것도 매우 중요하다고 생각합니다.

청중5 제 꿈은 생리를 하지 않는 것입니다. 생리 스트레스가 너무 커서요. 혹시 생리를 중단할 수 있는 방법이나 수술이 있다면 소개해주실 수 있나요?

윤정원 '미레나'라고 생리 양이 줄어들게 하는 자궁 내 장치가 있어요. '임플라논'이라고 팔에 넣는 피임 장치도 있고요. 미레나의 경우 유효 기간이 5년이고, 임플라논은 3년가량입니다. 이런 징치를 하게 되면 생리가 적어지고 무월경까지 가게 된다는 걸 알고 미혼인데도 이를 시술받으려는 분들이 조금씩 늘고 있습니다. 다만 이런 장치의 경우에도 본인의 몸에 맞는지 검사를 해봐야만 하기 때문에 먼저 산부인과에서 상담을 받아보실 필요가 있겠죠. 임신을 하지 않겠다는 확신이 있는 분들은 자궁내막을 태워 완전히 파괴하는 방법을 선택하기도 합니다. 이렇게 되면 난소와 자궁은 남아 있는데 생리는 안 하게 되니까요.

청중6 병원에 갔더니 의사 선생님이 냉이 있다며 염증 치료를 받으라고 하셨어요. 그런데 냉이 없는 여성은 없잖아요? 그래서 궁금해졌습니다. 냉이 어느 정도 이상일 때 질병으로 보고 치료해야 하는지에 대해서요.

윤정원 질 분비물은 생리 주기를 따라갑니다. 배란기에 다가갈수록 분비물 양이 많아지면서 계란 흰자처럼 점액이 풍부해지기도 하고, 물이나 콧물처럼 분비물이 쏟아지기도 하죠. 그런가 하면 생리 직전에는 황체 호르몬인 프로게스테론이 분비되면서 건조하고 뻑뻑한 흰색 냉이 나옵니다. 이런 건 모두 정상이에요. 병원을 찾아야 하는 건 분비물 냄새가 생선 비린내처럼 심하거나 가려울 때입니다. 노란색·초록색·흰색 분비물이 두부를 으깨놓은 것처럼 나올 때도 세균성 질염이나 곰팡이성 질염일 가능성이 있으니 진료를 받아봐야죠. 다만, 강연에서 말씀드린 대로 산부인과에서 어느 정도는 질염 치료를 남발하는 경향이 있습니다. 여성의 분비물은 비정상적인 것이라는 편견이 무의식적으로 반영된 결과가 아닐까 싶어요. 어떤 산부인과는 질 세정, 질 세척을 해주기도 하던데, 세계 산부인과학회에서는 질 세척을 추천하지 않습니다. 물이 자궁 안으로 거슬러 올라가게 되면 골반염이나 난소암 위험이 커진다는 이유에서요. 분비물에서 시큼한 냄새나 요구르트 냄새가 나는 것도 정상입니다. 유산균이 들어 있으니까요. 다만 분비물에서 생선 비린내 같은 암모니아 섞인 냄새가 날 때는 세균성 질염을 의심해봐야 합니다.

청중7 미프진을 도입한 국가에 가면 임신 중단을 원할 경우 그 약을 처방받아 먹을 수 있나요?

윤정원 외국인에게도 건강보험을 적용하는 나라라면 여행을 갔다가 미프진 처방을 받을 수도 있을 텐데요. 다만 의사로부터 복약 지도를 받아야 합니다. 임신한 사실을 확인한 뒤 의사 눈앞에서 약을 복용하게끔 대부분 나라가 제도화하고 있어요. 자판기에서 음료 사듯 쉽게 구할 수 있는 건 아닙니다. 사실, 미프진을 우편으로 배송해주는 국제 비정부기구NGO들이 있기는 합니다. 인터넷으로 신청하면 미프진을 보내주는 활동을 하는 단체들이죠. 가장 중요한 것은, 이런 낙태약 자체를 한국 제도권 하에서 정상적으로 안전하게 사용할 수 있게끔 도입하는 것이겠죠.

여성들이여,
정치 결사체를 조직하자

박선민(국회 보좌관)

초선 의원을 모시는 4선 보좌관

안녕하세요, 박선민 보좌관입니다. 오늘 강의 제목이 '여성들이여, 정치 결사체를 조직하자'인데, 본래 정치나 여성이나 사회적으로 흥미로운 주제는 아니죠. 그러다 보니 자칫 잘못하면 오늘 얘기가 군대에서 축구하는 얘기처럼 들릴 수도 있겠다 싶어 많이 부담이 됐습니다(청중 웃음). 정치하는 여성들의 지평이 앞으로 어떻게 더 넓어져야 하는지 함께 고민을 나누는 시간이 됐으면 좋겠습니다.

미리 말씀드리자면, 저는 여성 정치에 대해서는 잘 모릅니다. 그럼에도 불구하고 제가 이 자리에 서게 된 건 정치 영역에서 오랫동안 일해온 여성이 희귀해서가 아닐까 생각합니다. 제가 17, 18, 19, 20대 국회에서 계속 보좌관을 지냈거든요. 중간에 너무 힘들어 일 년 반가량 다른 일을 하긴 했습니다만, 어쨌거나 햇수로 치면 14년을 보좌관으로 일했습니다. 그래서 어디 가 저를 소개할 때면 "제가 지금 4선 보좌관인데 초선 의원을 모시고 있습니다"라고 인사하곤 합니다(웃음). 지금이 20대 국회인데, 17대 국회라면 언제였느냐고요? 2004년부터 2008년까지였습니다. 그러니 제 정치 경력 얘기는 2004년부터 시작됩니다. 오래전 얘기죠.

그전에 왜 국회에서 일하게 됐는지부터 말씀드려야겠죠? 저는 2004년 국회에서 보좌관을 하기 전까지는 정치를 할 생각을 한 번도 해본 적이 없는 사람이에요. 제가 낯선 곳에 가면 이런 퀴즈도 내곤 합니다. "보좌관을 하기 전 저의 직업이 무엇이었을까요?" 그러면 '해녀'라고 답하는 분들도 있더라고요(청중 웃음). 정답은 농민입니다. 제가 그전에는 농사를 지었어요.

저는 농학을 전공했고, 대학을 졸업한 뒤로는 전농(전국농민회총연맹)이라는 농민 조직에서 일했어요. '우리농업지키기범국민운동본부'라는 곳에도 있었고요. 그러다 전북 김제로 귀농한 게 1996년입니다. 무슨 연고가 있어 김제로 귀농한 건 아닙니다. (논 가운데 서 있는 앳된 모습의 자기 옛 사진을 보여주며) 김제는 제가 대학 때 농활을 떠났던 지역이었어요. 이 사진도 그때 찍은 건데, 1996년에 이곳으로 아예 농사를 지으러 내려간 거죠. 그렇게 김제에서 8년간 농사를 짓고 살았습니다. 지금 제 모습을 보면 믿기시지 않을 수도 있겠지만, 그 시절엔 제가 상일꾼으로 통했어요. 일도 진짜 잘하고 40킬로그램짜리 쌀가마도 번쩍 들고 그랬습니다(청중 웃음). 처음엔 정말 의기충천했었죠. '열심히 일해 농사로 성공하고, 지역에서 농민운동도 잘해야지' 하는 마음이었으니까요.

김제는 본래 평야 지대입니다. 그러니 당연히 논농사를 지었는데, 저는 비닐하우스 농사도 지었어요. 주 작목은 감자였죠. 감자 농사를 2만 평 넘게 지은 일도 있습니다. 2만 평 하면 감이 잘 안 오시죠? 학교 운동장이 대개 몇 백 평 정도 합니다. 그러니 2만 평 이면 학교 운동장을 백여 개 합쳐놓은 크기예요. 엄청난 크기죠. 게다가 감자밭이 한 군데 펼쳐져 있는 것도 아니었어요. 띄엄띄 엄 떨어져 있었죠. 가진 땅이 없어 소작농으로 농사를 지어야 했으니까요. 그래도 정말 열심히 일했습니다. 해 뜰 녘부터 해 질 때까지 죽어라고 일했어요. 그런데 8년 농사의 결론이 부채였던 거예요. 농가 부채라고, 다들 한번쯤 들어보셨죠?

제가 농사를 시작한 게 수입 개방이 시작된 시점과 맞물려요. 그 뒤 수입 개방의 파고가 농촌에 밀어닥치는데, 이런 식이었어요. 농사를 잘 지어 풍년이 됐다 쳐요. 농산물이 많이 나오니까 농산물 가격이 뚝 떨어져요. 반대로 흉년이면 흉년이라 또 손에 들어오는 게 별로 없어요. 가격은 오르는데 내다팔 게 별로 없는 데다 농산물 가격 안정 조치에 따라 외국에서 곧바로 대체 농산물을 수입하니까요. 이렇게 풍년이면 풍년인 대로, 흉년이면 흉년인 대로 돈이 안 되는 상황이 계속됐어요. 그랬더니 버티기가 너무 힘든 거예요. 말씀드린 대로 저는 소작농이었고 집도 농가에 있는 빈집을 고쳐 살던 형편이었거든요. 그런데 땅 임차료에 종잣값, 비룟값, 농약값 이런 걸 다 내고 나면 인건비는커녕 생산비도 건지기가 어렵더라고요. 이런 상황에서 이듬해 농사를 지으려면 결국에는 돈을 빌려야 해요. 그다음 해에도 생산비가 안 나오다 보니 부채가 계속 쌓이고, 그 부채를 갚으려다 보니 농사 규모를 더 늘리는 악순환이 반복되더라고요.

농민 편 들어주는 국회의원은 한 사람도 없었다

제가 사실 농촌에 내려갈 때만 해도 '뭘 하든 못 먹고 살겠어?' 하는 마음이었거든요. '정 안 되면 면 소재지에서 치킨집이라도 하지 뭐' 그런 생각이었는데 웬걸, 8년 만에 농가 부채가 몇 억 대가 되어버리니 완전히 절망 상태에 빠지더라고요. 그 와중에 정부가 칠레와 최초의 자유무역협정을 맺겠다고 발표하더니, 2004년 1월 국회에서 비준 절차에 들어간 거예요.

정말 망했다 싶었어요. 칠레와 자유무역협정을 맺고 나면 그 다음은 미국과 맺을 테고, 그 뒤에도 다른 나라들이 줄줄이 기다리고 있을 테니까요. 게다가 칠레는 과수 농업 강국이에요. 농업에는 과수가 미치는 영향도 굉장히 큽니다. 그런데도 이런 식으로 농업을 희생양 삼아 수출 산업을 발전시키겠다고? 우리의 식량 주권을 지킨다는 측면에서도 이건 그냥 넘어갈 수 없는 일 아냐? 이런 생각으로 농민들이 전면적인 반대 시위에 나섰죠. 저도 2004년 1월, 여의도에 올라와 국회의사당 앞에서 물대포를 맞으며 열심히 싸웠어요. 절대로 협정을 체결해서는 안 된다고 주장하면서요. 그런데 어느 순간 한-칠레 자유무역협정이 비준됐다는 소식이 들려오는 거예요. 그때 국회 앞에 앉아 농성하던 농민들이 전부 다 통곡을 했습니다. '이젠 농업도, 식량 주권도 정말 끝났구나' 하는 생각에서요.

　그런데 그날 집에 돌아와 텔레비전 뉴스를 틀어 보니 시위로 인한 교통 체증에 대해서만 보도를 하고 있는 거예요. 그 많은 농민들이 서울에 올라가 집회를 했는데 왜 농민들이 자유무역협정에 반대하는지, 이게 국민들의 식량 주권에 미치는 영향은 무엇인지에 대해 얘기하는 언론을 못 봤습니다. 이걸 보면서 많은 걸 느꼈어요. '농민들 이야기를 도시 사람, 나아가 우리 국민들에게 들려주기 위해서는 뭔가 다른 방식으로 말을 걸어야 하겠구나' 하고 생각하게 됐다고나 할까요. 또 한 가지, 국회를 향해 열심히 싸우는 동안 절망스러웠던 게 '저 안에 농민 편을 들어주는 국회의원은 단 한 사람도 없구나' 하는 자각이었어요. 그러면서 '우리 얘기를 대신해줄 국회의원이 저 안에 한 사람만이라도 있으면 좋겠다'라는 생각을 하게 됐죠. 마치 전태일 열사가 '대학생 친구가 한 사람만이라도 있으면 좋겠다'라고 생각했던 것처럼요. 그래서 그때 결심한 게 '정치를 통해 농민들의 이야기를 전달해야겠다'는 것이었습니다. 그러지 않고서는 농민들의 이야기가 계속해서 교통 체증으로밖에는 전달되지 않을 테니까요.

　그래서 그해 5월 치러진 17대 국회의원 선거를 앞두고 진보정당인 민주노동당에 참여하기로 마음먹었습니다. 당시 농민들은 민주노동당에 집단적으로 입당했어요. 선거 운동도 열심히 했죠. 사실 저는 선거 운동을 하면서도 민주노동당 후보들이 정말로 당선될 것이리고는 생각하지 못했어요. 그런데 민주노동당 후보 열 명이 덜컥 당선이 돼버린 거예요. 그러면서 2004년에 처음 민주노동당이 원내에 진출하는 역사가 이루어지게 되죠.

(2004년 민주노동당 의원 열 명이 국회에 첫 출근하는 사진을 보여주며) 이 사진이 국회에 처음 들어가던 날 사진인데요. 여기 보면 심상정 대표나 노회찬 의원도 보이고, 민주노총 위원장을 하셨던 단병호 의원도 보이죠. 제가 이걸 국회 본청 계단에서 바라보는데, 정말 울컥하고 눈물이 치솟았어요. '한 사람만 우리 편 국회의원이 있어도 좋겠다고 생각했는데, 열 명이나 생겼구나' 하는 생각에서요.

이때 농민 출신 국회의원도 두 분 당선되셨어요. 여러분도 잘 아시는 강기갑 의원님이 그중 한 분이고, 또 한 분은 제주 출신 여성 농민 현애자 의원님이셨어요. 나중에 들은 얘기로는 현애자 의원이 자신이 당선됐다는 얘길 듣고 고추밭에서 엉엉 울음을 터뜨리셨대요. 기쁘기도 했지만 '정말로 당선이 돼버렸네? 어떡하지?' 싶어 겁이 덜컥 나셨다고 해요(웃음).

당시는 진보정당이 원내에 처음 진출한 만큼 민주노총 출신 의원들은 노동조합 출신들로 보좌관을 꾸리고, 농민 출신 의원들은 농민운동 출신들로 보좌관을 꾸리는 식이었거든요. 그러니 현 의원도 농민 출신 보좌관을 수소문하기 시작한 겁니다. 그 바람에 제가 갑자기 짐을 싸서 서울에 올라오게 됐어요. 당시 저는 비닐하우스에서 애호박 농사를 짓고 있었어요. 겨우내 잘 키운 애호박이 가지마다 탐스럽게 주렁주렁 매달려 이제 수확만

하면 되는 시기였죠. 그런데 현 의원으로부터 연락을 받은 지 불과 2주 만에 그 애호박들을 다 버려놓고 국회에 들어오게 된 겁니다. 사실 그때만 해도 저는 정치를 하러 국회에 들어왔다기보다 일종의 파견을 오게 됐다고 여겼어요. 그래서 '4년 정도 보좌관 한 뒤 다시 농사지으러 내려가면 되겠지?'라고 생각했죠. 그런데 지금껏 이렇게 보좌관을 하고 있습니다(웃음).

아이 키우며 농사짓다 여성 문제 의식 키워

돌이켜보면 농사를 지으면서 여성 문제에 대한 의식도 커졌던 것 같아요. 제가 하우스 농사를 지었다고 말씀드렸잖아요. 하우스 안에서 오이도 키우고, 고추도 키우고, 상추도 키웠죠. 그러면서 아이 둘을 낳았어요. 그런데 아이를 돌봐줄 사람이 없다 보니 별별 일이 다 생겨요. 오이 농사짓는 사람들의 경우 본래 목디스크가 많습니다. 늘 위를 올려다보고 일을 해야 하니까요. 그런데 저는 아이까지 업고 농사를 지어야 하니 목이나 허리나 성한 데가 없었어요. 게다가 오이 이파리며 열매에 가시가 많거든요. 돌도 안 된 아기가 그런 데 쓸려 피가 났으니 얼마나 아팠겠어요. 하루 종일 하우스에서 일하다 오이 선별해 박스 포장 작업한 뒤 공판장에 내다팔고 돌아오면 아이가 밤새 엉엉 울어요. 너무 아파서요. 그런 아이를 달래가며 키웠죠.

나중에 세 살 터울로 동생이 생긴 뒤로는 또 이런 일도 있었어요. 일하다 아이들이 뭐 하나 싶어 돌아보면 이 녀석들이 하우스

한쪽에서 농약병을 갖고 소꿉놀이를 하고 있는 거예요. 어떨 때는 농약 봉투를 모자라면서 머리에 뒤집어쓰고 있기도 하고요. 이런 걸 볼 때마다 정말 기겁을 하는 거죠. 그런가 하면 아이를 트럭에 재워놓고 밭에서 농사일을 하고 있는데, 아이가 혼자 트럭 문을 열다 바닥으로 떨어진 사건도 있었어요. 그때 확실히 알았죠. 사회적으로 보육이 해결되지 않으면 엄마가 혼자 아이를 키우며 일을 한다는 건 전쟁일 수밖에 없겠구나, 하는 걸요.

그렇다고 어린이집에 보낼 수도 없었어요. 영아 보육비는 상당히 비쌌는데, 아까 말씀드린 대로 농가 부채가 계속 쌓이는 상황이었던 데다 농부라는 게 월급쟁이처럼 꼬박꼬박 수입이 들어오는 게 아니다 보니 매달 보육비를 낼 엄두가 안 났던 거죠. 저만 그런 게 아니었어요. 그때 우리 마을엔 아이를 키우는 집이 우리 집뿐이었어요. 제가 귀농한 뒤 8년 동안 그 마을에 새댁은 저 혼자밖에 없었으니까요(웃음). 그런데 다른 동네 언니들을 만나봐도 아이를 다 저처럼 키우고 있더라고요. 제가 수박 농사도 지었는데, 수박 하우스의 경우 굉장히 뜨거워요. 그런 곳에 갓난아이를 데려가면 얼마나 힘들겠어요. 아이가 울면 일단 '쭈쭈바'를 하나 물려요. 그렇게 한 시간을 버티다 아이가 다시 울면 이번에는 새우깡을 한 봉지 줘요. 그럼 또 한 시간을 버티는 거죠. 그러다 이것저것 약발이 떨어지고 나면 아이가 목이 쉬게 울어요. 이러면서 아이를 키우는 게 여성 농민들이 보편적으로 겪는 생활이었어요. 이런 걸 보면서 '이건 좀 문제가 있지 않나? 이런 걸 어떻게 개인이 다 감당하지?' 하는 생각을 키워갔던 것 같아요.

그 와중에도 제가 가장 행복했던 건 김제에서 일하는 선배 여성들을 만나 여성농민회를 만든 거였어요. 제가 대학 졸업 후 전농에서 일했다고 말씀드렸죠. 그때 전농 사무실 한쪽에 전국여성농민회총연합(전여농) 사무실이 있었어요. 그때만 해도 저는 사실 전여농에 대해 별로 관심이 없었어요. '그냥 농민회 안에 여성위원회가 있으면 되지 왜 독자적인 조직이 따로 필요해?' 싶었던 거죠. 본래 저는 서울에서 자랐고, 오빠랑 저랑 둘만 있어서 집에서도 여자라는 이유로 피해를 받은 게 별로 없었어요. 그래서 여성 조직이 필요하다는 생각을 해보지 못했던 거죠. 그런데 김제에 내려가 농사를 짓고 아이를 키우며 살다 보니 이건 뭔가 문제가 있다는 생각이 들었어요. 아이 키우는 일을 여성 농민들이 온전히 감당해야만 했으니까요.

게다가 농민 사회라는 게 아무래도 굉장히 가부장적입니다. 그렇다 보니 어떤 모임을 해도 가부장적인 모임의 확장판이 되더라고요. 남성들이 모임을 하고 있으면 여성들은 늘 먹을 것 챙기고 뒤치다꺼리하는 식으로요. 그걸 보면서 '여성들이 따로 모임을 하지 않는 한 여성들은 언제까지나 보조자겠구나'라는 생각이 절로 들었습니다. 선배들도 이런 생각에 적극 공감했고요. 그러면서 김제여성농민회를 출범시키게 된 거죠. 여성들의 독자적인 조직을 만들고 나니 많은 것이 변했습니다. 농사짓던 여성들이 모임의 회장도 하고, 소식지도 내고, 집회를 나갈 때도 독자적으로 집회 준비를 하게 된 거죠. 여성농민대회도 따로 열고요. 이런 경험들이 우리에게 큰 자신감을 주었습니다. '그 어떤 진보적 모임이라 해도 여성 문제를 대신 해결해주지는 않는구나'라는 깨달음도 주었고요.

국회 보좌관 생활을 하면서 깨달은 것도 이런 것들입니다. 국회 회의록을 보면 민주노동당이 원내에 입성하기 전까지만 해도 노동자나 농민에 대한 언급이 별로 나오질 않아요. 그런데 17대 국회 이후에는 '노동자' '농민'이라는 단어 자체가 국회 안에서 굉장히 자주 쓰이게 됩니다. 그전까지 노동자나 농민은 국회 안에서 사실상 배제된 시민권자였다고 할 수 있어요. 이 사람들을 대표하는 사람들이 없었으니까요. 선거권·피선거권이 주어졌다고 모두에게 정치적 시민권이 보장되는 것은 아닙니다. 국회 안에서 그 사람들의 목소리가 들려야 비로소 시민권을 보장받는다고 할 수 있죠. 그런 의미에서 사회적 소수자 곧 여성, 장애인, 사회적 약자 등은 모두 같은 처지에 있다고 할 수 있습니다. 이 사람들을 대변하는 정당과 정치 집단이 있을 때에만 국회 안에서 이 사람들에 대한 얘기를 할 수 있어요. 보좌관을 하면서 이런 사실을 더 확실하게 깨달았습니다.

제가 국회에 처음 들어와 맡게 된 상임위원회이자 가장 오래 몸담은 상임위원회는 보건복지위원회입니다. 19대 국회 때는 기획재정위원회를 했습니다만 나머지 17, 18, 20대 국회 때는 계속 보건복지위원회에 있었어요. 17대 국회 당시 제가 모셨던 현애자 의원은 국회의원들이 공개하는 재산 순위에서 최하위를 기록했습니다. 농가 부채에 시달리는 여성 농민 출신이었으니까요. 그렇다면 그다음은 누구였을까요? 바로 강기갑 의원이었습니다. 두 농민이 나란히 최하위 1, 2위를 차지했던 거죠. 이 두 분이 서로 농림해양수산위원회를 맡고 싶어 하다 결국에는 강기갑 의원이 맡게 되었고, 현애자 의원은 보건복지위원회를 맡는 걸로 정리가 됐습니다. 재산 최하위 순위를 기록한 국회의원으로서 가장 가난한 사람들에 대한 얘기를 하는 상임위에서 일해보고 싶다 해서요.

신종플루 걸려서야 아기 돌볼 수 있었던 워킹맘

그 바람에 예상치도 않게 보건복지위원회에서 일을 하게 된 건데, 혹시 민주노동당이 어떻게 시민 지지를 얻게 된 줄 아시나요? 바로 무상 의료, 무상 보육, 무상 교육 세 가지를 열심히 주장한 덕분입니다. 그런데 국회 안에서 이걸 열심히 주장해봤자 돌아오는 반응이란 게 '그렇게 돈이 많이 드는 걸 어떻게 국가가 다 해? 보육이나 의료를 어떻게 무상으로 하냐고? 우리가 사회주의 국가야?' 정도였어요. 보수 언론은 보수 언론대로 유럽 복지 국가도 계속 망해가고 있는데 무상 의료·무상 보육이 무슨 얘기냐고 난리였고요. 그래서 제가 18대 국회 때 보좌진 연수 프로그램을 이용해서 직접 스웨덴에 다녀왔습니다. '우리가 그렇게 허황된 얘기를 하고 있나? 무상 의료, 무상 보육, 무상 교육을 실천하고 있는 나라에 한번 직접 가보자' 하는 생각에서였죠. 오래 머문 건 아니고 열흘 정도 다녀왔는데, 그렇게 다녀와서는 책도 한 권 썼습니다. 〈스웨덴을 가다〉(후마니타스, 2012)라고요. 살짝 책 홍보 같긴 합니다만 잠시 그때 경험을 소개할게요. 없이 사는 보좌관이니 이해하세요(청중 웃음).

일단 제가 가장 깊은 인상을 받은 건 스웨덴의 보육 체계였어요. 제가 아까 보육을 온전히 개인에게 맡기게 되면 개인이 사실상 전쟁을 치러야 한다고 말씀드렸는데, 스웨덴에 가보니 '아, 보육을 나라가 책임지면 이렇게까지 달라질 수 있구나'라는 생각이 절로 들었어요.

스웨덴의 경우 일단 아동수당 제도가 있습니다. 아기가 태어나면 묻지도 따지지도 않고 매월 우리 돈 14만 원가량(약 1,050크로나)을 그냥 다 줘요. 우리도 올해부터 아동수당을 도입하게 됐죠. 18대 때 저희가 아동수당 얘기를 처음 꺼냈을 때만 해도 거의 모든 사람들이 반대를 했던 것과 비교하면 여러모로 격세지감을 느낍니다. 보육의 경우 스웨덴이 완전 무상을 하고 있는 건 아네요. 대신 자기 소득의 3퍼센트를 넘지 않는 범위에서 보육비를 내게 돼 있고, 아무리 많이 내는 사람이라도 월 16만 원(약 1,260크로나) 이상은 넘지 않게끔 보육비 상한선도 정해져 있습니다. 저소득층 보육비는 완전히 무료고요.

스웨덴 모든 지역에는 공립 어린이집 내지 공립 유치원이 설치돼 있어요. 이들 시설의 경우 보통 오전 8시부터 오후 5시까지 운영되는데, 아침이 되면 아이를 이들 시설에 데려다주고 오후가 되면 다시 데려오는 게 아이를 낳은 스웨덴 부모들의 보편적인 일과였습니다. 장관이든, 국회의원이든, 기업인이든, 노동자든 모두 마찬가지였어요. 더욱이 이들 부모의 퇴근 시간은 어린이집, 유치원이 끝나는 시간에 맞춰져 있었습니다. 국회의원도 회의를 하다 말고 "저는 아이를 데리러 가야 합니다" 하면서 회의를 종료하고 그냥 나가버린대요. 이런 문화를 접하면서 '아, 아이를 사회가 공적으로 키운다는 건 바로 이런 의미구나' 하는 생각이 절로 들었죠. '나는 왜 농약 봉투를 뒤집어씌우면서 아이를 키웠을까' 하는 생각도 들었고요.

스웨덴은 아이를 키우기 좋은 나라인 동시에 성 평등 국가로도 유명합니다. 스웨덴의 경우 출산 휴가제가 있어 부모 합산해 총 480일을 쓸 수 있어요. 이중 390일은 평소 받던 봉급의 77.6퍼센트를 지급받을 수 있습니다. 중요한 것은, 부모 양쪽이 각각 90일을 의무적으로 사용해야 한다는 규정입니다. 엄마는 물론 아빠도 90일은 무조건 의무 휴가를 써야 한다는 거죠. 이걸 지키지 않으면 벌금을 냅니다. 대신 두 사람이 똑같이 출산 휴가를 써서 480일을 채울 경우는 200만 원에 달하는 인센티브를 더 받는다고 합니다. '휴가제를 보장해도 여성이 휴가를 더 쓰는 경향이 있는데, 이건 성 평등에 위배된다'라는 취지에서 부모가 똑같이 출산 휴가를 쓸 때 인센티브를 준 거죠. 그러면서 남성 유아 휴직이 늘어난 것이고요.

아이를 키우다 보면 가장 힘든 게 아이가 아플 때입니다. 저도 예전에 신종플루가 유행할 때 아이가 신종플루에 걸렸는데 "아이가 아파서 결근하겠습니다"라는 얘길 못 하겠더라고요. 국회에서 회기가 진행되고 있을 때는 더더욱요. 아이는 어린이집이건 학교건 아무 데도 갈 수가 없는데 말이죠. 그렇다고 친정엄마한테 아이를 맡기자니, 엄마야말로 노인이셔서 신종플루 고위험군이에요. 그러니 맡길 수가 없어요. '그럼 어떻게 하라는 거지? 네다섯 살 된 아이를 혼자 집에 둬?' 하면서 발만 동동 구르고 있는데 결국엔 제가 신종플루에 감염이 됐어요. 신종플루라는 게 감염돼보니 정말 아프더라고요. 그런데도 마음은 편했어요. '이젠 아이와 함께 쉴 수 있어'라는 생각 때문에요(청중 한숨).

반면 스웨덴은 아이가 아프면 열두 살이 될 때까지 묻지도, 따지지도 않고 최장 120일에 이르는 휴가를 줍니다. 오늘 아이가 아프다 싶으면 의사 소견서도 필요 없이 "그냥 쉬세요" 하는 거예요. 스웨덴의 경우는 본래 휴가가 굉장히 많습니다. 연간 25일은 무조건 연차를 쓸 수 있게 돼 있어요. 특히 그중에서도 20일은 의무적으로 사용해야 하는 휴가라고 합니다. 그런데 아이가 아플 때 내는 병가는 그중에서도 가장 관대한 휴가라는 거죠. 이유를 물어보지 않고 그냥 전화 한 통화면 처리되니까요. 아이가 12~15세에 해당하는 경우도 의사 소견서만 있으면 부모가 언제든 쉴 수 있어요. 말 그대로 아이 키우기 참 좋은 사회인 거죠.

그뿐인가요. 여덟 살 이하 아이를 키울 때는 근로시간을 25퍼센트 단축해준다고 합니다. 아이가 열두 살이 될 때까지 480일 휴가 중 잔여 일수가 남아 있을 때는 그걸 몰아서 쓸 수도 있고, 휴가를 쓰는 방식도 "나는 월·화·수만 일하고 목·금은 쉴래요" 하는 식으로 조정할 수 있다고 해요. 이런 식이라면 일하느라 아이를 못 키우겠다는 얘기가 나오진 않겠죠.

제가 스웨덴에서 또 인상적으로 본 게 눈이 많이 오는 날이면 사람들이 눈썰매 같은 데 아이를 태우고 끌고 다니는데, 그걸 대부분 아빠들이 하더라고요. 기온이 영하 10~20도 수준이라 우린 내복 두 벌을 껴입고도 얼어 죽을 것 같은데도 말이죠. 그런가 하면 아무리 사람이 많은 러시아워 시간대라도 유모차를 끌고 대중교통을 이용하면 사람들이 다 자리를 비켜주는 것도 인상적이었습니다. 유모차가 편안하게 서 있을 수 있도록 말이죠. 유모차를 끌고 대중교통을 이용하면 요금도 무료였고요.

이런 것들을 보며 '이 나라는 정말 우리와는 다른 사회와 문화를 갖고 있구나'라는 생각에 부러웠습니다. 더 놀라운 건 이렇게 보육 제도가 잘돼 있는 나라이면서도 혹시나 불이익이 발생할지 모른다며 '평등 옴부즈맨'이라는 국가 기구를 운영하고 있다는 점이었어요. 아이를 키우는 일로 인해 불이익을 받을 경우 이곳에 신고하게 함으로써 성차별을 감시하는 기구였는데, 이처럼 스웨덴은 제도만 있는 게 아니라 그 제도가 제대로 작동하는지 감시하는 기구를 함께 두고 있었던 거죠.

성 평등과 시민운동이 이끈 스웨덴의 복지

스웨덴의 교육에 대해서도 얘기해볼까요? 우리 애가 올해 대학에 들어갔는데, 말 그대로 등골이 휘는 중입니다. '이 나라에선 돈 없이 애 키우기 정말 힘들구나'라는 생각이 절실히 들어요. 그런데 스웨덴은 초등학교, 중학교, 고등학교는 물론 대학교까지 전부 무료예요. 급식은 물론이고, 컴퓨터 같은 학습 기자재 비용까지 교육비에 모두 포함돼 있습니다. 다만 대학교의 경우 본래는 모든 대학생이 무료였는데, 몇 년 전부터는 규정이 바뀌어 유럽연합EU 소속이 아닌 다른 국가에서 온 대학생은 약간의 학비를 내야 한다더군요. 생활비 문제로 어려움을 겪을 때는 장기 저리로 융자를 해주고요. 다시 말해 "공부하고 싶은 사람은 다 공부해라"라는 게 이 사회의 모토인 셈입니다. 보육이나 교육을 포함해 기회가 전부 공평하게 주어지는 평등한 사회라는 전제가 그 안에 깔려 있는 거죠.

스웨덴 얘기 하나만 더 할게요. 스웨덴 노인들은 '무기여 최저 보장연금'이라고 해서 우리나라 기초연금 같은 걸 월 110만 원 정도 받습니다. 여기에다 자기가 낸 만큼 연금을 또 받게 되니, 노후 걱정이 별로 없어요. 원래 벌던 소득의 70퍼센트가량을 국가가 보전해주게끔 연금 제도가 설계돼 있으니까요. 이처럼 아이 키울 때 걱정 없고, 교육비와 의료비 걱정도 없으며, 노후도 보장돼 있다 보니 이런 사회에서는 미래에 대한 두려움이나 걱정이 별로 존재하지 않는 거죠.

도대체 이 사회가 갖고 있는 힘은 무엇일까요? (사진 몇 장 보여주며) 이건 제가 스웨덴에 갔을 때 노인들이 머무는 장소를 찍은 건데요. 한국은 어르신들이 편찮으실 때 요양병원 같은 곳에 주로 보내곤 하는데, 스웨덴은 재가 서비스가 기본이라고 합니다. 그러면서 노인들에게 필요한 서비스가 뭔지 조사해 그걸 제공해준다는 거예요. 다시 말해 돌봄노동을 여성이나 가족이 책임질 필요가 없는 거죠. 이렇게 보육, 교육, 노후 등을 개인이 아닌 사회가 책임질 때 그 사회는 삶을 얼마나 더 풍요롭게 만들 수 있는 걸까요?

한국은 노인 빈곤율이 49.6퍼센트, 그러니까 거의 50퍼센트에 달하는 나라죠. 고령층의 평균소득이 경제협력개발기구OECD 30개 나라 중 29위에 달하고요. 왜 이런 차이가 생기느냐? 공적 이전 소득 때문이에요. 스웨덴은 노인 소득의 80퍼센트가 공적 이전 소득에 해당됩니다. 반면 한국은 공적 이전 소득 비율이 13.9퍼센트밖에 안 돼요. 그럼 나머지 소득은 어떻게 책임지느냐? 부자 노인이야 자기가 갖고 있는 자산이 있을 테니 그걸로 되겠죠. 하지만 그렇지 않은 노인은 가족들이 나머지를 메꿔야 합니다. 다시 말해 한국은 태어나서부터 죽을 때까지 개인이 모든 걸 온전히 다 책임져야 하는 사회라는 거죠.

스웨덴은 어떻게 이런 사회를 만들 수 있었을까요? 결론부터 말하자면 노동조합과 정당과 시민 교육의 합작품이 복지 국가이고, 그 복지 국가를 만든 기반은 성 평등이라는 게 제가 오늘

하고픈 얘기의 핵심입니다. 복지 국가가 성 평등의 기반이 된 한편으로, 성 평등이 복지 국가를 이끈 힘이기도 했던 거죠.

제가 스웨덴에 갔을 때 LO라 불리는 생산직 노동조합 건물을 방문했습니다. 스웨덴 944만 명 인구 중에서 생산직 노동조합 가입자가 과연 몇 명일까요? 놀랍게도 170만 명이라고 합니다. 그런가 하면 사무직 노동조합도 있는데 여기 가입한 사람이 127만 명이에요. 의사, 변호사 등이 가입돼 있는 전문직 노동조합 가입자는 56만 명이고요. 이들 노조원을 전부 합치면 370만여 명. 인구가 천만 명도 안 되는 나라에서 무려 370만 명이 노동조합 조합원인 겁니다. 노인과 어린이를 빼면 사실상 일하는 사람 거의 전부가 노동조합에 가입돼 있다는 얘기죠.

(또 다른 건물 사진을 보여주며) 그 옆에 있는 건물은 시민운동교육협의회가 쓰고 있었는데요. 저는 스웨덴에 방문하기 전까지만 해도 이 나라에 시민운동과 시민 교육이 이렇게까지 뜨거운 줄 몰랐습니다. 그냥 복지 국가라고만 알고 있었죠. 그런데 직접 가서 봤더니 그게 아녜요. 이곳 사람들은 노동조합과 정당의 뿌리가 시민운동이라고 얘기하고 있었습니다. 시민운동에 소속돼 교육을 받는 시민이 전체 인구의 절반 정도래요. 일 년에 한 번 이상은 뭐든 교육에 참여하고, 작은 소모임도 굉장히 많아서 인구 절반 정도가 이들 모임에 전부 소속이 돼 있다는 거죠. 저는 여기에 스웨덴을 끌고 가는 힘이 있다고 느꼈습니다.

또 한 가지 주목해야 할 게 높은 정치 참여율이었습니다. 스웨덴은 투표율이 상당히 높습니다. 가장 최근인 2014년 선거의 경우 투표 참여율이 85.8퍼센트였는데, 평소에도 80퍼센트 이하로 투표율이 떨어진 적이 없다고 해요. 높을 때는 90퍼센트까지도 기록하기도 하고요. 이처럼 정당에 대해, 정치적인 주제에 대해 시민들의 이해도가 굉장히 높고, 노동조합 참여율이나 시민교육 참여율도 높다 보니 스웨덴이라는 복지 국가가 만들어질 수 있었던 거구나, 싶었습니다.

복지 국가라는 게 때로는 단점도 있어요. 제가 둘러본 게 워낙 짧은 시간이었던지라 매의 눈으로 단점을 찾아보려 했는데, 일단 찾은 게 술을 사기 어렵다 정도?(웃음) 조금 전 말씀드린 대로 스웨덴에서는 시민운동과 노동조합운동, 정당운동이 백 년 전부터 함께 발전해왔는데요. 초창기에 벌어졌던 운동 중 하나가 금주운동이었다고 합니다. 스웨덴이 워낙 추운 나라이다 보니 사람들이 독주를 많이 마시는 편이었다는데요. 초창기에는 공장에서도 술을 제공했다고 해요. 술 마시고 힘든 일을 견디라는 거였겠죠. 그런데 음주 사고가 자주 발생하다 보니 노동조합운동과 금주운동이 함께 벌어졌던 거예요. 이 전통이 백 년 넘게 이어지는 바람에 스웨덴에서는 지금도 술을 국영 주류 회사에서 따로 관리합니다. 일반 슈퍼마켓에서는 팔지 않아요. '시스템 볼라켓'이라고 눈에 잘 띄지 않는 거리 한 귀퉁이에 감춰진 장소에서만 술을 취급합니다. 시스템 볼라켓 문 여는 시간도 오전 10시에서 오후 5시 정도로 아주 짧고요. 이렇다 보니 연수 일정을 마친 저녁에는 술을 사 마시기가 어려웠어요. 술집에서 술을 팔기는 하는데 잔술 자체가 워낙 비쌌으니까요. 실제로 술 취한 사람도 찾아보기 어려웠고요. 그래서 연수 간 사람끼리 "이 나라가 복지 국가인 건 좋은데, 심심해서 어떻게 사냐"라고 농담을 주고받았죠(청중 웃음).

정치에서의 성 평등, 한국의 현실은?

지금부터는 한국 얘기를 해보려 합니다. 먼저 지난 2017년 대선 투표율부터 볼까요? 성별로 보면 남성 투표율은 76.2퍼센트였고 여성 투표율은 77.3퍼센트였습니다. 여성 투표율이 훨씬 높아요. 만 19세의 경우 남성 투표율은 74.8퍼센트, 여성 투표율은 80.9퍼센트를 보이는 등 19~29세까지는 여성 투표율이 6~8퍼센트 포인트가량 높습니다. 그러다 60대 이후로 투표율 역전 현상이 일어나죠. 이런 투표율 통계를 보면 젊은 여성일수록 투표율이 높다, 곧 여성들의 정치 참여율이 높다는 걸 알 수 있죠.

　투표율이 높다는 건 어떤 의미일까요? 당연히 긍정적인 의미이긴 합니다. 하지만 그게 전부일까요? 돌이켜보면 현대 민주주의는 여성의 참정권 운동으로 크게 발전했다고 할 수 있습니다. 민주주의 시작점으로 얘기를 돌리려면 일단 1831년 영국 의회로 거슬러 올라가야 하는데요. 당시는 영국 전체 인구의 5퍼센트에 불과한 젠트리 귀족만이 투표권을 갖고 있었습니다. 다시 말해 지대를 낼 수 있는 사람, 집을 갖고 있는 사람 등 일정 자산이 있는 귀족 계층에게만 선거권이 주어졌던 거죠. 그런데 1831년 이에 맞서 투표권을 확대하는 운동이 벌어집니다. 처음에는 중간 계급, 다음에는 노동 계급 등으로 그 범위가 점점 확대됐죠. 그런데 여성들은 이들 운동을 함께했는데도 투표권을 쟁취하는 데 시간이 훨씬 더 오래 걸렸어요. 무려 96년이나 걸렸습니다. 그것도 그냥 얻은 게 아녜요. 제1차 세계대전을 겪으면서 여성들의 사회 참여가 활발해졌죠. 남자들이 전쟁에 나간 만큼 후방에서 산업과 사회를 여성들이 모두 책임져야 했으니까요. 그러면서 어쩔 수 없이 여성에게 투표권을 준 건데, 처음에는 모든 여성에게 준 것도 아니었어요. 30세 이상, 그것도 선거권자 명부에 남편이나 배우자가 있는 사람으로 한정을 했죠.

지금 들으면 웃기는 얘깁니다만 과거 영국에서는 대학 선거구, 사업장 선거구 등에서 1인 2표를 행사하는 게 가능했다고 합니다. 대학 선거구라는 건 이를테면 옥스퍼드 대학이나 케임브리지 대학을 하나의 선거구로 인정한 거예요. 그런 다음 이들 대학의 졸업자나 대학교수가 자기 지역구에서 1표, 또 대학 선거구에서 1표를 행사할 수 있게 한 겁니다. 사업장 선거구는 사업장을 갖고 있는 사업주가 지역구 외에 자기 사업장에서 또 다른 1표를 행사할 수 있는 선거구였던 거고요. 이런 식으로 재산이 많거나 지적 수준이 높다고 생각되는 사람에게는 투표권을 더 주고, 여성에게는 투표권을 주지 않았던 거죠. 당시 투표권을 수는 기준이 뭐였느냐면 이성적 판단을 할 수 있느냐 없느냐였어요. 쉽게 말해 여성은 이성적 판단 능력이 떨어진다는 논리가 계속해서 작동했던 셈입니다. 이 바람에 여성들이 투표권을 쟁취하는 데 무려 96년이 걸렸죠.

그 96년 동안 선거법을 개정하려는 운동이 다섯 차례 벌어지는데요. 2차 선거법 개정 때 여성 참정권 도입을 강력하게 주장하고 나선 사람이 〈자유론〉을 쓴 존 스튜어트 밀입니다. 당시로서는 굉장히 선도적인 주장이었던 셈이죠. 그때 존 스튜어트 밀이 여성 참정권 도입에 찬성하는 1천5백 명의 서명지를 하원에 제출했는데요. 내용인즉 투표권의 주체를 '남자Man'가 아닌 '사람Person'으로 바꾸자는 거였어요. 그런데 이에 대해 자유당 의원 한 사람이 지지 발언을 합니다. "케임브리지 대학에서 시험을 봤는데, 여성들도 성적이 우수해 입학 허가를 받았다. 여성들도 학문을 할 수 있는 지적 능력을 인정받았으니 투표권을 줘도 된다." 그러자 이에 대한 반대 의견을 보수당 의원이 이렇게 내놓습니다. "여성들에게 투표권은 없을지 몰라도 결혼을 하면 가정에서의 실권은 여성들에게 있다. 그거면 된 것 아니냐?" 찬성하는 쪽이건 반대하는 쪽이건 '그것도 논리라고 내세웠냐?' 싶죠(청중 웃음). 그런데 당시에는 이게 먹혔습니다. 보수당 의원논리가 먹히면서 여성 참정권 도입안이 부결됐어요. 이때 여성 참정권이 도입됐다면 영국은 굉장히 앞서가는 나라가 됐을 텐데 말이죠.

이에 비해 한국은 민주주의가 도입된 처음부터 보통선거권이 모든 사람에게 주어졌습니다. 재산이나 지적 능력, 성별을 따지지 않았죠. 우리 경우는 민주주의 역사에서 굉장히 드물게 피 흘리는 쟁취 과정 없이 선거권을 획득한 셈입니다. 여성 정치를 얘기하는 분들이 흔히 올래프 드 구즈 얘기를 많이 해요. 프랑스 혁명 시기 "여성이 단두대에 오를 권리가 있다면 연단에 서서 발언할 권리도 있다"라는 말을 남기고 단두대에서 사형당한 분이죠. 우리에게는 여성의 선거권을 쟁취하기 위한 이런 식의 과정이 없었습니다.

여성 대통령보다 여성을 대표하는 정치를

우리는 왜 스웨덴과 같은 성 평등한 나라가 되지 못한 걸까요? 선거권은 주어졌지만 민주주의는 거저 주어지지 않았기 때문입니다. 곧 정치적 민주화가 이뤄진 시기에 살고 있다고는 하지만, 제도가 있다고 그것이 모든 걸 보장하지는 않는다는 거죠. 또 한 가지, 참여의 확대보다 중요한 게 참여의 조직화라고 합니다. 정치에서 여성의 목소리가 들리지 않는 건 여성의 참여가 넓어지지 않아서가 아니라 조직화되질 않아서라는 게 제 생각이에요. 조직화는 정당의 몫입니다. 이건 정당이 시민들에게 "당신들은 왜 조직화하지 않아?"라고 물을 수 있는 성질의 것은 아니죠. 정당이 조직화를 위해 더 노력을 해야 하는 일입니다. 그런데 그간에는 정당들이 이런 노력을 게을리 했던 거죠.

　정치에서 중요한 것은 '누구를 대표할 것인가'의 문제입니다.

제가 초반에 노동자·농민 대표가 필요하다는 말씀을 드렸는데, 이건 국회에서 일하다 보면 너무나 절감하는 문제이기도 해요. (2009년 강기갑·곽정숙 당시 민주노동당 의원이 거리에서 삼보일배하는 사진을 보여주며) 이게 18대 국회 때 모습인데요. 당시 제가 같이 일했던 분이 사진에 보이는 곽정숙 의원이셨어요. 여성 장애인 이셨죠. 그 옆에는 농민 출신인 강기갑 의원도 보이네요. (민주노동당 의원들이 국회에서 기자회견하는 또 다른 사진을 보여주며) 이것도 18대 국회 때 사진인데요. 여기 보이는 분은 홍희덕 의원이라고 환경미화원 출신이세요. '청소부 국회의원'으로 불렸던 이분은 환경미화원 노동조합을 만들었다가 진보정당에 영입되셨죠. 그 옆에 있는 권영길 의원은 민주노총 위원장 출신이셨고요. 이처럼 농민을 대표하고, 노동자를 대표하고, 여성 장애인을 대표하고, 환경미화원을 대표하는 분들이 국회에 들어가는 게 중요합니다. 수많은 국회의원이 누구를 대표할 것이냐, 그 대표성이 중요하다는 거죠.

그렇다면 여성의 대표성은 어떨까요? 일각에서는 여성 정치인 전성시대라는 말을 쓰죠. 탄핵됐다고는 하지만 여성 대통령도 배출됐고, 추미애·이정미 의원 등이 당 대표를 지내고 있으니까요. 이번에는 진선미 의원이 여성 최초로 원내 수석 부대표가 되기도 했죠(2018년 10월 현재 추미애 의원에 이어 이해찬 의원이 더불어민주당 대표가 되었고, 진선미 의원은 여성가족부 장관이 되었다). 이런 것들을 보면 정말로 여성 정치인 전성시대가 열리고 있는 걸까요? 언론에서는 그렇게 떠듭니다. 그런데 정말 그런지 따져보자는 거죠. 20대 국회의원 현원 293명 중 여성은 50명입니다. 비율로 따지면 17퍼센트죠. 국회의원 정원은 본래 300명인데, 자꾸 의원직을 상실해 그때그때 숫자가 달라지니 그 부분은 감안하고 들어주세요. 그에 비해 16대의 여성 비율은 5.9퍼센트였죠. 그 이전에는 사실상 퍼센트를 내기가 힘들 정도로 여성 비율이 적었습니다. 어쨌거나 이 정도면 20대 국회 들어 여성 의원 비율이 크게 늘어난 건 사실이죠. 그렇지만 OECD 평균은 28.5퍼센트입니다. 권고안대로라면 30퍼센트 이상이어야 하죠. 그래야 성 평등이 어느 정도 담보된다고 국제기구는 권고하고 있습니다. 성 평등 국가인 스웨덴의 여성 의원 비율은 45퍼센트입니다. 그에 비하면 우리는 아직 갈 길이 한참 더 남았다는 거죠.

그렇다면 여성 의원 숫자가 늘어난 만큼 여성 의원들의 역할도 과연 늘어났을까요? 국회에서는 모든 활동이 상임위원회 중심으로 이뤄집니다. 현재 상임위원회는 총 18개. 이중에서 여성가족위원회, 윤리특별위원회, 운영위원회는 겸임이 가능해요. 일반 상임위에 속해 있으면서도 이들 상임위는 함께할 수 있죠. 이들 상임위에서의 여성 의원 비율을 한번 볼까요(20대 국회 전반기 기준). 여성가족위원회는 전체 17명 정원인데, 이중 13명(76.5퍼센트)이 여성입니다. 이걸 보니 어떤 생각이 드시나요? 여성가족 업무는 여성만 해야 하는 건가요?

여성 의원이 그다음으로 많이 분포돼 있는 게 보건복지위원회입니다. 전체 현원 21명 중 11명(52.4퍼센트)이 여성 의원이에요. 그다음은 환경노동위원회(40퍼센트), 과학기술정보방송통신위원회(27.3퍼센트), 윤리특별위원회(26.7퍼센트) 순으로 퍼센트가 뚝뚝 떨어집니다. 심지어 농림축산식품해양수산위원회나 정보위원회처럼 여성 의원이 0명인 상임위원회도 존재합니다. 정보위원회는 국가정보원 업무를 다루는 만큼 전부 비공개로 진행해요. 여기에 들어가는 의원들만 정보를 볼 수 있죠. 보좌관도 자료를 제대로 제공 받지 못합니다. 그런데 이런 데는 여성들이 아예 접근을 할 수가 없는 거예요. 여성들은 국정원 업무를 몰라도 되는 건가요?

그런가 하면 법제사법위원회나 국방위원회, 외교통일위원회는 이름만 들어도 뭔가 중요한 상임위원회 같지 않나요?(웃음) 이들 위원회에는 여성 의원이 한 명씩 있어요. 국토교통위원회는 두 명이고요. 국토교통위원회와 산업통상자원위원회는 국회에서 가장 인기 있는 상임위원회이기도 합니다. 그래서 정원도 가장 많은데, 여기 들어간 여성 의원은 불과 두세 명이에요. 편중 현상이 심해도 너무 심한 거죠. 여성 의원들은 왜 여성가족위원회나 보건복지위원회, 환경노동위원회 같은 업무에만 집중해야 하는 걸까요? 재고를 해봐야 합니다. 상임위원회의 성별 비중이 한쪽으로 쏠려 있다는 건 여성 의제가 국회 전 부처에서 고루 다루어지지 못하게끔 운영되고 있다는 얘기니까요.

이들 상임위원회의 위원장은 누가 맡고 있을까요? 상임위원장은 2년이 되면 바뀝니다. 그러니까 국회 회기별(4년)로 각각 전반기·후반기 상임위원장이 따로 있는 셈인데, 20대 국회 전반기의 경우 여성이 상임위원장을 맡고 있는 곳은 여성가족위원회와 윤리특별위원회 두 군데밖에 없습니다. 아까 말씀드린 대로 둘 다 겸임이 가능한 상임위원회예요. 윤리특별위원회의 경우 상시적으로 모이는 상임위원회도 아닙니다. 특별한 일이 있을 때만 모이죠. 그런 만큼 다른 상임위원회와는 위상이 다를 수밖에 없습니다. 19대 때도 크게 다르지 않았어요. 전반기 두 곳(법제사법위원회·여성가족위원회), 후반기 두 곳(환경노동위원회·여성가족위원회) 상임위원장을 여성 의원이 맡았죠. 아니, 여성가족위원회 위원장은 여성이 맡는다고 국회법에 정해져 있나요? 그런데도 이런 데 말고는 상임위원장을 맡고 있는 여성이 별로 없는 거죠. 이 정도면 어때요? 화가 나죠?(청중 끄덕끄덕)

이런 상황 속에서도 상임위원장을 맡았던 여성 의원들은 정말 대단한 사람들입니다. 19대 국회에서 법제사법위원장을 맡았던 박영선 의원, 환경노동위원장을 맡았던 김영주 의원, 18대 국회 때 정무위원장을 맡았던 김영선 의원, 환경노동위원장을 맡았던 추미애 의원, 문화관광위원장을 맡았던 이미경 의원, 17대 국회 때 문화관광위원장을 맡았던 조배숙 의원…… 그런가 하면 20대 국회 때 예결특위 위원장은 지금 국토교통부장관을 지내고 있는 김현미 의원이 맡았죠. 예결특위는 예산과 결산을 다루는 굉장히 중요한 곳인데, 이분이 헌정사상 첫 여성 예결특위 위원장이 됐던 겁니다. 국회라는 데가 그만큼 여성이 생존하기 너무 어렵고, 높은 지위를 맡기가 힘든 구조로 돼 있어요.

국회 내 보좌관의 성 불평등도 해결해야 할 문제

이제부터는 제 얘기, 그러니까 여성 보좌관의 현실에 대한 얘기도 해볼까 해요. 국회의원의 경우 여성 의원 비율이 전체의 17퍼센트라고 말씀드렸죠. 보좌관은 어떨까요? 일단 국회의원 한 사람당 보좌하는 직원이 아홉 명입니다. 그런데 이게 직급 구조로 돼 있어요. 4급이 보좌관, 5급이 비서관, 6급이 비서, 맨 아래는 인턴, 이런 식이죠. 4급 보좌관과 5급 비서관이 각각 두 명씩 있고, 6급부터는 한 명씩 있는 구조입니다. 이들 보좌 직원의 전체 통계를 보면 16대 국회 때 여성 비율이 22.7퍼센트였던 데 반해 20대 국회에서는 32.8퍼센트입니다. '오, 그래도 많네?' 하시는 분도 계실 거예요. 그런데 말씀드린 대로 의원실은 철저히 직급 사회로 운영됩니다. 4급 보좌관이 모든 걸 판단하면서 의원실을 총괄해요. 그런데 이 4급 보좌관 중 여성 비율은 어떻게 될까요? 제가 국회에 처음 들어온 17대 때가 4.6퍼센트, 지금이 6.7퍼센트입니다. 14년 동안 단 2퍼센트 포인트 늘었어요. 제가 그러니까 6.7퍼센트에 속하는 사람입니다(청중 웃음).

한번 따져볼까요? 국회의원 정원이 300명이니까 4급 보좌관을 두 명씩 총 600명 쓸 수 있죠. 그런데 그중 6.7퍼센트만이 여성 보좌관입니다. 여성 국회의원 비율인 17퍼센트에 비해서도 너무 적어요. 반면 하위 직급으로 갈수록 여성 비율이 크게 늘어 납니다. 9급의 경우는 무려 91.9퍼센트(16대 국회)에 달한 적도 있어요. 20대 국회에서는 8급이 신설됐습니다. 그전에는 인턴 을 두 명 썼는데, 20대부터는 인턴을 한 명으로 줄이고 8급을 신 설한 거죠. 그러면서 9급 여성 비율이 약간 줄긴 했습니다. 이건 여성 비율을 맞추려 노력했다기보다 8급이 신설되면서 비율이 조금 바뀐 거라 볼 수 있어요.

다시 말씀드리지만 국회 안은 엄격한 직급 사회입니다. 그런 데 이처럼 직급에 따라 극심한 성별 불평등이 나타난 것은 있는 그대로 권력의 차이를 보여준 거라 할 수 있어요. 대체로 9급 직 원이나 인턴은 보좌관이나 비서관이 시키는 대로 일을 하게 돼 있습니다. 주체적으로 일을 하기가 어려운 수동적인 존재라 할 수 있죠. 그런데 이런 여성 배제적인 업무 환경이 국회의원실 안 에서 발생하고 있는 셈입니다.

제가 요즘 들어 '국회 내 미투 현실은 어떠냐?'라는 질문을 굉 장히 많이 받는데, 그 부분에 대해 미리 말씀드리자면, 제 경우 지금껏 한 번도 성폭력에 노출된 적은 없었어요. 2004년 처음 들어올 때부터 지금까지 제가 보좌관이었으니까요. 권력에서 제가 우위에 있기 때문에 성폭력에 노출될 일은 별로 없습니다. 저한테는 그렇게 행동하는 사람이 없으니까요.

국회 전수조사 결과 많은 분들의 예상과 달리 국회 안에서 심 각한 성폭력 사례가 밝혀진 건 없었습니다. 이유는 두 가지이리라고 봅니다. 하나는 정치인들이 대중의 시선에 늘 노출돼 있는 사람들이다 보니 스스로도 도덕적으로 좀 더 엄격하게 생활했을 가능성이 있어요. 또 하나는 의원실 자체가 위계질서가 워낙 체계화돼 있는 곳이다 보니 그 안에서 발생한 일이 외부로 잘 알려지지 않았을 것이라는 가설입니다. 둘 다 가능성이 있어요. 성별의 차이가 이처럼 극심한 상황 자체가 '미투'의 온상이 될 수 있으니까요. 정치 문화를 평등하게 바꾸지 않는 한 권력 관계에서 발생하는 일이 언제든 잔존할 수밖에 없죠.

저는 특히나 여성 의원들이 4급 보좌관을 여성으로 채용하지 않는 것에 대해 심각한 문제의식을 갖고 있습니다. 왜 4급 여성 보좌관을 채용하지 않느냐고 물어보면 답변은 흔히 두 가지예요. 하나는 "여성 보좌관이 별로 없어요"고, 또 하나는 "실력 있는 여성 보좌관이 별로 없어요"죠. 그런데 이건 "여성 정치인이 왜 없나요?"라는 질문에 대한 답변과 거의 다를 바가 없습니다. 17대 국회 때 손봉숙 의원이라고 여성정치연구소 출신 의원이 계셨는데, 이분은 전체 보좌관을 다 여성으로 채용했어요. 그런데 의정 활동을 굉장히 잘하셨습니다. 의정 활동 대상은 늘 이분 차지였죠. 저는 기회도 주지 않으면서 '실력 있는 여성 보좌관이 없어'라고 말하는 건 말이 안 된다고 생각합니다. 정당이 여성 정치인을 키우지 않는 한 여성 정치인은 늘어나지 않습니다. 마찬가지로 국회의원들이 여성 보좌관을 키우지 않는다면 여성 보좌관 또한 늘어나지 않을 것입니다. 16대에서 17대로 넘어가면서 여성 국회의원 비율이 크게 높아진 것은 비례대표제가 도입됐기 때문이었죠. 다시 말해 제도가 도입되면서 여성 의원이 늘어난 건데요. 개인의 노력이 아니라 이런 사회적인 분위기 속에서 자신들에게 기회가 온 거라면, 저는 이분들이 다른 여성 정치인을 양성하는 데도 헌신하면서 책임감을 가져야 한다고 생각합니다. 여성 의원들이 더 높은 사명감을 가져야 해요. 정당들도 보다 구체적인 책임감을 가져야 하고요.

여성 의원 비율, 어떻게 높일 것인가

지방의회 얘기도 한번 해볼까요? 2014년에 치러진 6대 지방선거의 경우 당선된 시도지사 중 여성은 한 명도 없었습니다. 시도 교육감 또한 여성은 0명이었습니다. 광역의원의 경우 지역구 전체 의원 705명 가운데 여성 의원이 58명(8.2퍼센트)밖에 안 됐어요. 물론 1대 선거 때의 1.4퍼센트에 비하면 장족의 발전을 한 셈이긴 하지만요. 반면 비례의원은 1대 선거 때 44.2퍼센트에서 시작해 6대 선거 때는 65.5퍼센트까지 늘어난 상황입니다. 기초의회의 경우는 그나마 상황이 조금 나아요. 시장·구청장·군수 226명 중 9명이 여성이었어요. 기초의원의 경우도 1대 때는 지역구 의원(4천541명) 중 여성 의원 비율이 1.6퍼센트(72명)에 불과했는데, 그나마 6대 때는 이 비율이 14.6퍼센트까지 올라왔습니다. 반면 기초 비례의원은 여성 비율이 압도적이에요. 무려 95.8퍼센트입니다(강연 이후 치러진 제7대 지방선거에서도 여성 시도

지사는 단 한 명도 당선되지 않았다).

왜 이런 현상이 발생했을까요. 바로 제도의 긍정성 때문입니다. 우리나라 공직선거법에 보면 기초 비례의원의 경우 50퍼센트 이상을 여성으로 해야 한다, 그중에서도 홀수는 여성이어야 한다는 조항을 명시해놓았어요. 이에 따라 1번, 3번, 5번 등이 여성에게 주어지는데, 기초의원은 선거구별로 한 명만 당선되는 경우가 많습니다. 그러니 1번을 받은 여성들이 대거 당선되면서 여성 정치인이 많아진 거죠. 이에 반해 안 되는 쪽은 왜 안 되는 걸까요? 당연히 제도적으로 명시가 돼 있지 않아서겠죠. 기초 비례의원과 달리 지역구 의원의 경우에는 여성 할당 비율을 30퍼센트로 제시했는데, 그 규정이 '해야 한다'가 아니라 '노력해야 한다'로 돼 있어요. 정당한테 자율로 맡겨놓은 거죠. 진보 정당의 경우는 이걸 자율로 맡겨놔도 잘 지킵니다. 다른 정당에선 잘 지켜지지 않을 가능성이 높죠.

여성에게 유리한 안전장치가 또 하나 있습니다. 보통 국회의원 선거구를 기준으로 할 때 그 안에 광역의원 선거구와 기초의원 선거구가 섞여 있죠. 그런데 이때 국회의원 선거구를 하나의 단위로 해서 그 안에서 반드시 여성 한 명을 공천해야 한다는 규정을 만들어놓은 겁니다. 광역이든 기초든 상관없어요. 그러면 정당들이 기초 쪽에 여성 정치인을 더 많이 공천합니다. 광역 쪽으로 남성 정치인을 내보내기 위해서죠. 이 때문에 선거구 획정을 하거나 공천 심사를 할 때면 난리가 나긴 합니다만, 그래도 이런 강제 조항이 여성의 정치적 진출에는 효과를 나타내는 것 같습니다.

정당별 여성 비율도 한번 비교해볼까요? 일반인들이 흔히 생각하기엔 진보적인 정당일수록 여성이 더 많을 것 같죠. 6대 지방선거 결과를 보면 정당별 여성 의원 비율이 새누리당 11.2퍼센트, 민주당 18.9퍼센트, 정의당 40퍼센트였습니다. 그런데 기초자치단체장은 새누리당 쪽이 민주당보다 여성 의원 비율이 더 높았어요. 광역의원의 경우에도 새누리당 45.5퍼센트, 민주당 13퍼센트였습니다. 기초의원은 새누리당 52.2퍼센트, 민주당 24퍼센트였고요. 비교해보면 새누리당 당선자 중 여성 의원 비율이 더 높았다는 거죠. 왜 이처럼 일반의 통념과 다른 결과가 나왔을까요? 새누리당 쪽이 더 성 평등했기 때문은 아니었을 것 같고요(웃음). 학문적으로 엄밀히 분석한 게 아니라 정확한 이유는 모르겠습니다만, 저는 지역 단위에서 공천할 때 정당이 최우선으로 보는 것은 당선 가능성이라는 데 주목하고 싶어요. 후보가 여성이냐 남성이냐가 중요한 게 아니라, 경쟁력 있는 후보냐 아니냐를 본다는 거죠. 그런데 보수 정당의 경우 지역 내 여성 단체에서 활동하는 분들이 많습니다. 일명 마당발 어머니들이라 불리는…… 이런 분들이 보수 정당 후보로 진출하는 경우가 많은 것 같습니다. 진보 정당의 경우는 이런 경쟁력 있는 여성 후보가 상대적으로 부족하다는 얘기일 수도 있어요. 그런 만큼 여성 정치인을 양성하기 위해 어떤 노력을 하고 있느냐가 정당의 숙제가 되어야 하는 거죠.

물론 여성 정치인의 숫자 자체가 성 평등을 담보하는 바로미터가 될 수는 없습니다. 성 평등이 의제가 되느냐, 되지 않느냐를 가르는 데 숫자가 굉장히 중요한 요인 중 하나이기는 하지만요. 실제로 비례대표 효과 등에 의해 여성 정치인이 많아졌어도 그 자체가 성 평등으로 바로 연결됐느냐는 또 다른 문제입니다. 지난 14년간 성 평등 현실이 얼마나 나아졌는지를 돌이켜보면 약간의 의문이 생기니까요. 그런 만큼 숫자보다 중요한 게 대표성이라는 점을 이 지점에서 생각해봐야 할 것 같습니다. 여성 한 사람이 국회의원이 되고, 상임위원장이 되고, 총리·장관이 되고, 대통령이 될 수 있습니다. 개인 정치인으로는 대단한 성공이겠죠. 유리천장을 돌파한 일이니까요. 그런데 그 자체가 사회적인 성 평등으로 이어지지는 않는다는 겁니다. 개인은 성공했지만 여성 모두가 성장하지는 않는다는 거죠. 이 얘길 강조하고 싶었습니다.

그렇다면 변화는 어떨 때 이뤄질까요? 마지막으로 정치하는 여성들이 정치하기 좋은 환경을 어떻게 만들 수 있을지 제 생각을 말씀드려볼게요.

일단, 첫 번째로는 정당 안에서 정치하는 여성이 늘어나야 한다고 봅니다. 백번을 생각해도 이것 말고는 방법이 없어요. 제가 독일을 방문했을 때도, 스웨덴을 방문했을 때도 물어봤어요. "여성 정치인을 외부에서 영입하나요?"라고요. 한국은 여성 정치인 중 외부 영입자가 많죠. 자기 분야에서 변호사나 검사로 성공해 사회적인 발언권을 얻고 연예인이나 인기 스타처럼 알려진 여성들을 영입해 자리를 주곤 합니다. 물론 남성들도 같은 경로로 영입되곤 합니다만, 특히나 여성 비례대표 중 영입 케이스가 적지 않습니다. 그래서 제가 이런 질문을 던지곤 하는데, 독일이나 스웨덴 사람들은 그 질문 자체를 이해를 못 하더라고요. '왜 그럴까' 추적해보니 이들 나라에선 그런 식으로 정치인이 되질 않아요.

스웨덴의 경우는 열세 살 이상이면 정당에서 활동하는 게 가능합니다. 청소년기부터 자기가 좋아하는 정당에 들어가 정치 활동을 하는 거예요. 분야도 무척 다양합니다. 단순히 경제 전반이 아니라 조세, 화폐, 재정 등에 대해 웬만한 전문가만큼 교육을 받는 식이에요. 그러다 청년기에 접어들면 에너지, 환경, 국제법 등 자기가 더 알고 싶은 분야에 대해 공부하는 거고요. 그런 다음 지방의회부터 진출하는 거죠. 기초의원, 광역의원을 거친 뒤에 국회의원도 되고, 대통령도 됩니다. 이런 과정을 거치다 보니 해당 분야는 물론 자기가 속한 정당에 대해서도 당연히 많은 학습이 돼 있는 사람들이 정치인으로 활동하게 돼 있어요.

제가 스웨덴에서 보니 20대 초반인 의원들도 제법 있더라고요. 한국에선 상상할 수 없는 일이죠. 한국에서 20~30대는 사실상 시민권이 거의 없다고 봐도 될 정도로 이들을 대표하는 정치인이 없는 상태입니다. 반면 스웨덴이나 독일은 좌파·우파 가리지 않고 청년 조직이 활발하게 움직이고 있어요. 여기서 교육받은 청년들이 정치인이 되는 게 너무도 당연한 구조인 거죠. 정당 내에서 교육받은 청년들이 정치인이 되기까지는 시간이 많이 걸릴 수밖에 없습니다. 대신 실력이 탄탄해지죠. 이런 친구들이 정치를 하다 보니 정치에 대한 유권자들의 신뢰도가 높을 수밖에 없습니다. 존경하는 직업군을 조사하면 정치인이 항상 상위권으로 나올 수 있는 거고요. 반면 한국은 여전히 유력 정치인의 추천을 통해 전략 공천을 하곤 하죠. 자유한국당의 경우에는 그걸 우선 공천이라 하던데, 내용상으로는 사실상 지역구에 그냥 내리꽂는 거라 할 수 있어요. 이런 식으로 외부 영입에 기대다 보면 단기적으로는 유권자들의 관심을 끌 수 있겠습니다만 장기적으로는 정치가 성장할 수 없다고 봅니다. 여성 정치도 마찬가지예요.

두 번째는 결사체를 조직해야 한다고 봅니다. 결사에는 두 가지 의미가 있죠. 하나는 공동의 목적으로 단체를 조직하는 것, 다른 하나는 목숨을 걸고 싸우는 것. 제가 여기서 쓴 결사의 의미는 첫 번째, 곧 단체를 조직하자는 것입니다. 여기에 두 번째 의미를 부여하신다 해도 상관은 없지만요(웃음). 단체를 조직하는 힘은 사실 너무도 중요하다고 할 수 있는데, 이에 앞서 개인의 참여가 넓어지는 것도 물론 필요하긴 합니다. 하지만 개인의 참여가 아무리 넓어져도 그건 개인의 목소리를 전달하는 데 불과해요. 조직화되지 않은 개인의 목소리는 그저 항의이자 민원

일 뿐입니다. 물론 항의나 민원도 변화를 가져오긴 하죠. 우리가 거리에서 집회를 하거나 온라인에서 활동을 하는 것도 그런 이유에서니까요. 하지만 모든 문제를 그렇게 해결할 수는 없다는 겁니다. 우리도 일상을 살아가야 하는데, 모든 일상에 정치적인 문제를 끌고 들어올 수는 없죠. 그런 만큼 내가 속해 있는 모임에서 정치적 의견을 모으고, 그것을 정치에 전달하는 게 변화를 가져오는 가장 좋은 방법일 수 있다는 겁니다. 개인이 아니라 조직된 목소리로 문제를 해결해보자는 거죠.

저는 결사체를 조직하는 여성들이 많아져야 한다고 생각합니다. 처음에는 '결사체에 조직되는 여성'이라는 표현을 떠올렸다가 그 표현은 너무 수동적인 것 같아서 '결사체를 조직하는 여성'이라고 말씀드렸습니다만, 일부러 뭘 만드시라는 얘기는 아닙니다. 이미 만들어져 있는 곳에 참여하는 것만으로도 충분합니다. 그러다 보면 더 다양한 결사체가 만들어질 수 있을 테고, 이런 결사체들이 정치적인 힘을 발휘할 때 우리의 정치가 달라질 수 있다고 저는 봐요. 그중에서도 가장 대표적인 결사체가 노동조합과 정당입니다. 초반에 스웨덴 사례에서도 말씀드렸습니다만, 노동조합과 정당을 통하는 게 의견을 전달하기 가장 손쉽고 좋은 방법이죠. 이런 방법을 통해 최고 수준의 복지 국가, 성평등 국가가 될 수 있다는 걸 증명한 게 스웨덴이고요.

국무총리 산하 양성평등위 예산 연 930만 원

세 번째로는 의정활동의 성 주류화가 필요하다는 말씀을 드리고 싶습니다. 이 주제 하나만으로도 한 시간은 말씀드릴 수 있을 것 같은데, 시간 제약상 간단히 말씀드릴게요. 성 주류화라는 게 뭐냐면, 국회에서 정책을 만드는 등 의정 활동을 할 때 모든 분야에서 남녀가 동등하게 참여하고 동등하게 배분받을 수 있게끔 고려하자는 거예요. 한국의 경우 '성별 영향 평가'와 '성 인지性認知 예산 제도' 두 가지가 도입돼 있죠. 국가재정법 26조에는 "정부는 예산이 여성과 남성에게 미칠 영향을 미리 분석한 보고서를 작성하여야 한다"라고 되어 있어요. 이에 따라 매년 성 인지 예산서라는 게 부처별로 엄청나게 많이 날아옵니다. 그런데 그 내용을 보면 엉망진창이에요. 성 인지 예산 제도 자체는 2010년부터 도입·시행되고 있지만, 이걸 국회 안에서 중요하게 눈여겨보는 의원들이 별로 없으니까요. 그렇다 보니 행정부가 이걸 마음대로 작성하는 거죠.

제가 기재위에 있을 때를 예로 들어볼까요? 당시 조세박물관에서 성 인지 예산 성과 분석 보고서를 보내왔는데, 그 내용을 봤더니 여성 관람객이 몇 명이었는지를 하나의 지표로 제시하고 있었어요. 그게 성 평등과 무슨 상관인가요? 조세박물관에 여성 관람객이 많이 오면 성 평등한 정책을 펼친 건가요? 그런가 하면 해당 부처가 운영하는 어린이집에 여아가 많다는 걸 성과 분석 보고서에 기재한 경우도 있었어요. 여아를 많이 돌보는 것과 성 평등이랑 도대체 무슨 상관이 있는 겁니까? 이렇게 말도 안 되는 지표를 갖고 성 평등 지수를 분석해 보고서를 내는 거예요. 성별 영향 평가나 성 인지 예산 제도는 국회와 지방의회 모두 시행하고 있습니다. 제도 자체는 정말 좋은데, 이걸 감시하지 않으면 이렇게 엉터리로 운영이 돼요.

성 주류화를 위해서는 성별 영향 평가나 성 인지 예산 제도는 물론 성별 분리 통계 등도 잘 만들어져 있어야 합니다. 제가 이번 강의를 위해 단순 데이터 몇 가지를 작성하는 데도 온갖 자료를 뒤져야 했어요. 성별 분리 통계가 제대로 나와 있질 않으니까요. 그나마 국회야 제가 아니까 남녀 구분이 안 돼 있는 자료도 따로 분류할 수 있었지만, 나머지는 잘 알 수가 없었습니다. 이런 식으로 성별 분리 통계가 되어 있지 않으면 성별 영향 평가도 제대로 할 수가 없습니다. 성 인지 예산의 목표도 정하기 어렵고요.

이 모든 것이 한 묶음으로 움직여야 하는데, 그렇다면 이걸 누가 한 묶음으로 움직일 거냐? 저는 여성 정치인이나 여성 단체가 나서는 것도 중요하지만 무엇보다 이를 감시할 수 있는 제도적 장치가 국회 안에 마련돼야 한다고 봅니다. 예결특위의 경우 의원들이 서로 가려 합니다. 예산을 좀 더 따기 위해서죠. 국회의원 총수가 300명인데 이중 무려 50명이 예결특위예요. 그런데 예결특위가 가동될 때 의원 중 누가 성 인지 예산 관련 질의를 하는지 지켜보면, 일 년에 질의하는 의원이 한두 명에 불과

해요. 예산·결산·추경 심사 과정을 모두 포함해서요. 이건 결국 아무도 감시하는 사람이 없다는 얘기입니다. 그렇다면 성 인지 예산을 심사하는 위원회를 따로 만들어야 합니다. 예결특위는 물론 각 상임위원회 안에 성 인지 예산을 심사하는 소위원회를 둬야죠. 이들 소위원회에 국회의원들이 의무적으로 참석해 심사하게 하는 제도를 강제해야 한다는 게 제 주장입니다.

여성 의제가 확산되는 정치를 위하여

국회 안에는 입법조사처와 예산정책처라는 부서가 있습니다. 국회의원들을 여러 가지로 지원해주는 조직이죠. 예산정책처의 경우는 특정 법안을 제출하면 이 법안에는 예산이 어느 정도 소요된다는 식으로 예산 분석을 해줍니다. 법안을 접수시키려면 예산정책처가 작성한 이 같은 비용추계서를 반드시 첨부해야만 해요. 그렇다면 성별 영향 평가도 이런 식으로 할 수 있겠다는 생각이 드는 거죠. 특정 법안이 성별에 끼칠 영향에 대해 의무적으로 평가하게 하고, 그 평가 기구를 국회 안에 두면 되는 거니까요. 저는 국회 안에 성 인지 센터나 성별 영향 평가 센터 같은 게 만들어져야 성별 영향 평가나 성 인지 예산 제도가 제대로 작동될 수 있다고 봅니다.

또 한 가지, 여성가족위원회가 겸임이 가능한 상임위원회라고 말씀드렸는데요. 이런 상임위는 단독 상임위처럼 자주, 빠듯한 일정으로 열리지 않습니다. 국정감사 때도 다른 상임위는

20일간 죽기 살기로 하는데 여성가족위원회는 하루 열리는 정도예요. 이런 식이라면 여성이라는 의제가 국회 안에서 다뤄지기가 굉장히 어렵습니다. 그런 만큼 저는 장기적으로 여성가족위원회가 성평등위원회로 전환되고, 여성가족부 또한 성평등부로 바뀌는 게 맞지 않을까 생각합니다. 문재인 정부 또한 대통령 직속으로 성평등위원회를 두겠다고 약속한 바 있죠. 현재는 국무총리 산하에 양성평등위원회가 있는데, 여기에서는 부처를 총괄하지 못합니다. 따라서 대통령 직속위원회를 두고 중앙 정부부처는 물론 지방정부까지 아우르는 성 평등 정책을 펴겠다고 2017년 발표했던 거죠. 그런데 그 약속이 현재까지 제대로 지켜지지 않고 있습니다. 성평등위원회라는 명칭을 놓고 '성 평등'이냐 '양성 평등'이냐 하는 논쟁이 계속되다 결국에는 국무총리 산하 양성평등위원회를 강화하는 방식으로 간다는 쪽으로 논의가 흘러가고 있어요. 그런데 국무총리 산하 양성평등위원회는 예산이 연간 930만 원에 불과합니다. 이 예산으로 뭘 할 수 있겠어요? 회의 몇 번 하면 끝입니다. 사무국도 없는 이런 데서 성 평등 정책을 주관할 수는 없어요. 꼭 대통령 직속으로 만들어야 한다는 게 아닙니다. 아무도 챙기지 않으면 소리 없이 사라지는 의제가 된다는 말씀을 드리려는 거예요. 우리가 정말로 중요하게 생각하고 관심을 가져야 할 것들이란 바로 이런 게 아닐까라는 생각이 듭니다.

마지막으로 오늘 드린 말씀을 정리해볼게요. 스웨덴은 여성

의원이 45퍼센트나 되는데도 페미니스트 정당이 따로 존재합니다. 이름이 'F!'예요. 성 평등 나라인데 해도 너무한 것 아니냐고요?(웃음) 이 사람들의 주장인즉 여성 정치인 수가 양적으로 확대됐지만 여성의 이익을 온전히 대변하고 있지 못하다는 거예요. 스웨덴은 성 평등 지수 조사가 시작된 2006년 이래 전 세계에서 단 한 번도 상위 5위권을 벗어난 적이 없는 나라입니다. 그런데도 이런 나라에서 성 평등에 대한 문제 제기가 끊임없이 나오고 있는 거죠. 스웨덴의 이 페미니스트 정당은 한때 완전히 망한 적도 있다고 합니다. 너무 강성 발언을 하다 다른 정당에게 강력한 공격을 받으면서 시민들의 지지를 잃었던 거죠. 그 뒤 이 정당은 '이렇게 하면 안 되겠구나'라는 교훈을 얻고 '우리는 페미니스트로서 보편적인 인권을 위해 활동한다'라는 쪽으로 방향을 바꿔 의석을 되찾을 수 있었다고 합니다. 최근 선거에서 이 정당이 내건 캐치프레이즈가 "인종주의자를 페미니스트로 바꾸자"였다고 해요. 스웨덴에서도 이민자가 많이 유입되면서 극우 정당이 잠깐 득세를 한 바 있습니다. 이걸 보고 극우 정당에 대응하는 정당이라는 캐치프레이즈를 내세우면서 기초의회에서 의석을 얻고, 유럽 의회에도 진출할 수 있었다는 거죠. 저는 이게 상당히 재미있는 교훈이라고 생각합니다. 여성 의제가 사회에서 어떻게 확산돼야 하는가는 인권의 문제이기도 하니까요.

제가 좋아하는 막스 베버의 말을 인용하며 강연을 마칠게요. "정치란 단단한 널빤지에 강하게 그리고 서서히 구멍을 뚫는 작업이다." 정치권에서 일하면서 이 말을 절감합니다. 구멍이란 게 잘 안 뚫려요. 끝없이 망치질을 해야 합니다. 그래야 겨우 구멍 한 개를 낼 수 있어요. 이게 정치인 것 같습니다. 단번에 널빤지를 부숴버리고 싶지만 뜻대로 되질 않아요. 그러니 그곳에 구멍을 뚫는 일을 내가 하고 있다고 생각합니다. 성 평등은 선언으로 이뤄지지 않죠. 단단한 널빤지에 구멍을 뚫는 일이야말로 정치인 만큼 우리 모두 지치지 말고 정치를 통해 성 평등을 실현해 나갈 수 있으면 좋겠습니다(청중 박수).

질의 응답

여성의 권력 의지에 대해 어떻게 생각하시나요?

청중1 여성들은 권력을 갈망하는 사람으로 비치는 것을 두려워하는 것 같습니다. 사회적으로 그렇게 교육 받았기 때문일 텐데요. 이런 두려움을 어떻게 극복해야 할까요?

박선민 그런 두려움의 밑바탕에는 정치 자체에 대한 불신이 깔려 있는 듯합니다. '정치하는 사람은 다 도둑놈'이라는 프레임에서 알 수 있듯 정치를 사적 권력을 추구하는 행위로 보는 거죠. 저 또한 그런 시선을 계속 받습니다. 사실 정치판이 진흙탕이긴 하죠. 이 안에서 계속 싸우면서 내가 대리하는 사람들의 입장을 대변하고 이익을 얻어내야 하니까요. 정치라는 게 어찌 보면 이익을 놓고 싸우는 것이기도 하거든요. 하지만 정치라는 게 결국에는 권력을 누가 갖고 있느냐, 의석을 누가 많이 차지하느냐의 싸움일 수밖에 없습니다. 권력 의지가 있어야 정치를 할 수 있죠. 다만, 궁극적인 목표는 그 권력을 어떻게 쓸 것이냐입니다. 내가 가진 권력을 누구를 위해 쓸 것이냐, 이 문제에 좀 더 중점을 두고 바라봐주시면 좋겠어요. 권력 갖는 것 자체를 두려워할 필요는 없습니다. 권력을 나쁘게 쓰는 걸 두려워해야죠.

청중1 그렇다면 갖게 된 권력을 착하게 쓰면 되는 건가요?

박선민 착하게 쓰는 일은 별로 없어요(청중 웃음). 제가 지금 몸담고 있는 곳이 보건복지 영역이라 말씀드렸는데, 장애인·빈곤층을 위한 이익을 얻어내기 위해 싸우지만 싸우는 과정 자체는 전혀 착하지 않습니다. 결과적으로는 어떨지 몰라도요. 어찌 보면 '착하게 쓴다'라는 개념 자체가 정치에선 존재하지 않는 것 같아요. 그보다는 내가 대리하는 약자들을 위해 얼마만큼 협상해 더 많은 이익을 얻어낼 것인가 하는, 협상 개념이 있을 뿐이죠.

국회가 여성들이 일하기 좋은 곳이 되려면?

청중2 국회에서의 '미투'에 대해 얘기해주셨는데, 국회는 성차별이 심한 편인가요?

박선민 제가 진보 정당에 속해 있다 보니 제 주변에서는 그런 문제가 많이 발생하지 않았어요. 발생한다 해도 당내에 그런 문제를 처리하는 절차가 잘 마련돼 있고요. 그런데 국회에는 이런 절차 자체가 없다는 게 문제라고 봅니다. 문제가 생기면 개인이 모든 걸 감당해야 하죠. 문제를 상담하고, 신고하고, 문제 제기할 곳이 없으니까요. 얼마 전에 한 의원실에서 벌어진 5급 비서관의 폭력적인 행동이 문제가 된 적이 있었는데요. 이 문제가 제기된 세 국회 홈페이지 자유게시판이었습니다. 자유게시판은 사람들이 거의 접속하지 않는 곳입니다. 국회 직원들이 들어가질 않아요. 그런데 거기에 글을 올릴 만큼 자기 문제를 전달할 채널이 없었던 거죠. 저는 이것이야말로 심각한 문제라고 생각합니다.

☕

청중3 국회에 진출한 여성 정치인들이 여성가족위원회 같은 데 몰리는 이유가 무엇인가요? 이른바 힘있는 상임위원회에는 아예 지원을 안 하는 건가요?

박선민 강의 중 말씀드린 대로 여성가족위원회는 다른 상임위를 하면서 함께 하는 겸임 상임위원회입니다. 여성 의원들이 여성으로서 책임감을 갖고 여성가족위원회를 지원하는 것 자체를 문제 삼기는 어려울 듯하고요. 그보다 저는 원내대표가 의원들에게 상임위를 배정할 때 성별을 균등하게 하려는 노력을 하는 게 좋지 않을까 생각합니다. 국토교통위원회나 산업통상자원위 중소벤처기업위원회 같은 상임위에 여성 의원들이 지원을 하지 않는 게 아니거든요. 이런 데 배정이 잘 되질 않으면서 보건복지위원회나 환경노동위원회 같은 쪽으로 밀리는 측면도 고려할 필요가 있다고 봅니다. 상임위원장 가운데 여성 의원이 거의 없다고도 말씀드렸는데요. 이건 재선 내지 3선 이상은 돼야 상임위원장을 하기 때문이에요. 그렇다면 비례대표로 들어온 여성 의원들의 경우 지역구로 다시 당선이 돼야 상임위원장을 맡을 기회가 생기는 셈입니다. 진선미 의원의 경우도 처음엔 비례대표로 들어왔다가 지역구에서 당선이 된 뒤에야 원내 수석부대표를 할 수 있었던 거고요. 그런데 이게 결코 쉽지 않죠. 외부에서 영입한 케이스의 경우 지역구 공천을 받는 과정 자체가 지난한데 이걸 통과해 재선·3선이 되고, 당내에서 지도력 있는 여성 정치인으로 성장하려면 정말 많은 싸움을 거칠 수밖에 없습니다.

저는 중앙당뿐 아니라 지방의회와 정당 내에도 여성 당원들이 많아져야 한다고 주장합니다. 이렇게 정당 안에서 정치하는 여성들이 많아질 때 집단적인 힘도 될 수 있으니까요. 이번 지방선거에서도 여성이나 청년들은 공천 받기가 매우 힘들었죠. 대부분은 지역위원장이 낙점한 사람이 공천을 받았으니까요. 그렇다면 지역위원장은 누가 되느냐? 보통은 지역구 현역 국회의원이나 다음번 총선에 나갈 후보가 지역위원장이 되죠. 공천을 받으려면 이들 지역위원장 '라인'이 작용할 수밖에 없는 건데, 처음 정치에 뛰어들어 조직도 갖고 있지 못하고 지역위원장에게 제대로 줄 서지도 못한 여성이나 청년이 당내 공천을 얻기란 정말 어렵죠. 그렇다고 실망만 하고 말 것이냐. 그럴 게 아니라 실망한 만큼 다음 선거를 위해 또 준비하고, 착실하게 '내가 경쟁력 있는 후보다'라는 것을 보여주셨으면 한다는 겁니다.

청중4 저는 국회의원실에서 일하는 직원인데, 실무 과정에서

좌절감을 느낄 때가 있습니다. 특히 젠더 이슈로 뭔가를 하고 싶어도 의원이나 보좌관들이 심정적으로 이들 이슈에 공감을 하지 못하다 보니 필요성을 못 느끼는 것 같아요. 어떻게 해야 이분들을 설득하고, 이슈를 관철시킬 수 있을까요?

박선민 저도 못 하고 있는 걸 물어보시네요(웃음). 제가 모시는 의원은 비례대표인데, 지역에서 오랫동안 시민운동을 하신 남성 의원이세요. 그래서 젠더 의제를 다룰 때면 저도 의원님을 어떻게 설득할까 생각합니다. 저의 경우는 이슈를 제기할 때 이게 왜 문제인지에 대해 훨씬 과장되게 얘기해요. "이 문제는 의원님만이 지적할 수 있습니다. 의원님이 다루지 않으면 국회 안에서 이 문제를 얘기할 사람이 아무도 없습니다" 하면서요(청중 웃음). 실제 현실이 그렇습니다. 보좌관들을 설득하기가 어렵다는 얘기도 하셨는데, 아까 말씀드린 대로 직급에 따른 권력 관계 문제가 여기에서 그대로 드러나죠. 4급 보좌관 중 여성 비율이 6.7퍼센트. 그러니까 나머지 93.3퍼센트의 보좌관은 문제의 중요성을 모른다는 얘기니까요. 그렇다고 어쩌겠어요? 한숨만 쉴 수는 없죠. 그러니 의원이나 보좌관에게 이게 얼마나 가치 있는 이슈인지를 끊임없이 강조하는 방법밖에는 없을 듯합니다. 한편으로는 속된 말로 '아이템'이 되느냐 안 되느냐를 판단하는 능력을 기르는 것도 중요하다고 생각합니다. 지역에서 공천을 줄 때 해당자가 경쟁력이 있느냐 없느냐를 따지듯 의원실에서 의제를 선택할 때도 사회적으로 반향이 있을지 없을지를 따지죠. 따라서 이게 왜 꼭 다뤄야 할 중요한 의제인지 근거를 잘 만들어 설득하는 것도 중요합니다. 비단 국회에서만이 아니죠. 사회에서도 다른 사람을 설득할 수 있어야 변화가 가능한 거니까요.

직업으로서의 보좌관은 어떤가요?

청중5 국회에서 일하는 분들은 어떤 경로로 들어가게 된 건가요? 국회에서 일하다 정치를 하고 싶다면 공천을 받아 국회의원도 할 수 있는 건가요?

박선민 제가 자주 받는 질문이 두 가지 있는데, 하나가 "어떻게 하면 보좌관이 될 수 있나요?"이고 다른 하나는 "보좌관님은 정치를 하실 건가요?"입니다(웃음). 먼저, 보좌관이 되는 경로는 정말로 다양해요. 국회의원은 자기 방식에 따라 의원실에서 일할 아홉 명을 채용합니다. 그래서 흔히 국회 안에는 300개의 회사가 존재한다는 표현을 쓰기도 해요. 물론 이게 좋은 방식은 아니라고 봅니다. 정당별로 정책 인력이 체계적으로 양성되고 관리됐으면 좋겠어요. 하지만 의원 입장에서는 임기가 딱 4년이다 보니, 그 기간 동안 엄선된 아홉 명을 데리고 최고의 의정 활동을 하고 싶어 하죠. 그렇다 보니 보좌진을 뽑을 때는 따로 공채 시스템이랄 게 없습니다. 인맥으로 사람을 구하는 경우가 많아요. 특히 경력을 굉장히 중시하는 만큼 인턴 출신이라도 국회 경험을 해본 사람을 선호하는 경향이 있습니다. 한편으로 외부 단체에서 일하면 사람이나 기자 출신, 당직지 출신이 국회로 들어가는 경우도 있죠. 그런 만큼 국회에서 일해보고 싶다면 어떻게든 국회 주변에서 연을 맺는 활동을 해야 한다고 말씀드리고 싶습니다. 그렇다고 공채가 아예 없는 건 아닙니다. 대략 3분의 1 정도는 공채를 하는 듯해요. 가끔은 국회 채용 사이트에 공채 공고가 올라오기도 하죠. 이걸 보고 응시하는 분들을 보면 예상보다 훨씬 고학력·고스펙을 소유한 분들이 많더라고요.

두 번째 질문이 보좌진 출신이 국회의원이 되기도 하느냐는 거였죠? 저는 선출직 정치인이 될 생각이 없습니다만, 보좌관 출신이 정치인이 되는 경우도 종종 있습니다. 지방의원 선거에도 꽤 많이 나가고요. 국회라는 데가 선출직에 도전하고 싶은 마음이 생기게 하는 곳인 듯합니다. 정부에서 일하는 사람 중에도 보좌관 출신이 적지 않아요.

☕

청중6 국회 보좌관은 안정적인 직업이라 할 수 있나요? 직급의 기준은 뭔가요?

박선민 완전 비정규직이죠! 면직 신청서라는 게 있는데 여기에 의원이 사인하고 도장 찍으면 끝입니다. 그걸로 하루아침에 해고될 수 있어요. 고용 안정성이라곤 찾아볼 수 없는 직업이죠. 면직 예고제 같은 것도 없습니다. 그냥 "나오지 마!" 하면 그걸로 끝이에요. 직급은 국회에서 별도로 정하는데, 공무원 급수 체계랑 비슷하다고 보시면 될 것 같습니다. 4급 보좌관이 제일 선임이에요. 제가 17대 때 국회에 처음 들어갔다고 말씀드렸는데, 그때는 모두가 평등해야 한다는 원칙에 따라 민주노동당 보좌관은 4급부터 인턴까지 직급 구분 없이 월급을 모아서 나눠 가졌어요. 그러고는 나이가 많고 가족이 많은 사람에게 4급을 주고, 저처럼 나이가 젊은 축에 속하는 사람은 6급을 받았죠. 그런데 나중에 보니 이게 말이 안 되는 거더라고요(웃음). 무엇보다 의원실이라는 게 하나의 회사 같은 조직이라 총괄자가 다른 의원실이나 정당, 정부 부처를 상대해야 해요. 그런데 직급이 제대로 정리돼 있지 않다 보니 여러 가지가 꼬이더라고요. 이를테면 4급 보좌관은 차관이나 국·실장을 주로 상대하거든요. 그런데 우리 쪽에선 인턴이 차관한테 전화를 하니까 행정부 쪽에서 납득을 하지 못했어요. 공무원 사회에서는 있을 수 없는 일이니까요. 그래서 결국에는 직급을 다시 개편해 총괄자인 제가 4급을 달게 됐죠. 대신 17대가 끝날 때까지 월급은 전부 나눠 가졌습니다만…….

시민들의 목소리가 정치 안에 모아졌으면

청중7 혜화역 집회가 계속 벌어지고 있는데요. 준비 단계에서부터 정치적인 목소리를 최대한 배제하자는 의견이 많이 나왔어요. 바깥에서의 비판을 최소화하자는 취지에서요. 하지만 결국 집회가 끝난 뒤에는 '우리에게 남는 게 뭐냐'는 회의감이 들더라고요. 여성 문제에 대한 공감대는 넓혔지만, 우리가 어떤 목표를 갖고 갈 것인지에 대해서는 공론화가 거의 이뤄지지 않았으니까요. 아직까지도 여성들이 조직화를 해야 한다거나 여성들의 의제를 정치적인 의제로 이끌어가는 것에 대해서는 모종의 거부감이 있는 듯합니다.

박선민 저는 사람들이 모여 집회를 하고 목소리를 내는 건 그 자체로 매우 의미있는 활동이라고 생각합니다. 하지만 이것들이 그냥 흩어지는 목소리로 끝나면 소용이 없겠죠. 강의에서 말씀드린 대로 이게 사회 변화로 이어져야 할 테니까요. 저는 복지 국가들을 돌아보며 정치를 통한 변화가 가장 효과적이라는 믿음을 갖게 됐어요. 정치야말로 다양한 사람들의 목소리를 가장 평등하게 반영할 수 있는 장이라는 게 제 생각입니다. 물론 이 안에서도 힘의 불균형이 있죠. 기득권을 많이 갖고 있는 사람들은 법과 제도로 보호해주지 않아도 자기 권리를 알아서 다 지킵니다. 자기 권리를 못 지키는 건 사회적 약자들이에요. 그런 만큼 이들의 목소리를 담아 권리를 지킬 수 있는 건 정치만의 몫이라고 생각합니다. 혜화역 집회도 소중한 활동입니다만 시민들의 목소리만으로 사회를 바꾸기엔 한계가 있는 만큼 그 목소리들이 정치 안으로, 정당 안으로 들어와 변화를 이뤄내면 좋지 않을까 싶습니다.

청중8 스웨덴 예를 다양하게 들어주셨는데, 한국과는 너무 대

조되는 게 현실입니다. 오늘 선생님 강연을 듣고 정당에 참여를 해야겠다는 생각이 들긴 했습니다만, 우리가 맞닥뜨린 문제들이 너무 많고 크다 보니 내가 사는 동안 한국 사회가 바뀔 것 같진 않다는 절망감에 부딪치게 됩니다. 이러다 제가 사회운동가가 될 것 같다는 생각이 들기도 하는데, 도대체 어디서부터 사회를 변화시켜 나가야 할까요?

박선민 사회운동가는 우리 사회에 꼭 필요한 존재죠. 저는 질문하신 분이 사회운동가가 되는 것도 매우 좋은 일이라고 생각합니다. 스웨덴도 과거에는 노사 분규가 무척 심한 나라였다고 합니다. 경찰이 시위하는 노동자들에게 총을 쏜 사건도 있었고요. 그런데 더 이상 이래서는 안 되겠다고 생각한 정치인과 노조가 협약을 만들었고, 그 협약 내용이 백 년 동안 지켜져 왔던 거예요. 그러니 우리가 절망할 필요는 없다고 봅니다. 영국에서 보통선거권 따내는 데만 96년이 걸렸다는데, 우리는 민주화된 게 1987년부터니까요. 그렇게 따지자면 한국 사회의 변화 속도가 아주 더딘 것도 아니죠. 변화의 시작점은 각자 다를 것 같습니다. 자기가 속해 있는 직업군에서, 자기가 처한 위치에서 할 수 있는 역할들이 있을 거예요. 다만 저는 함께 모여 목소리를 내는 게 효과적이라는 걸 다시 한 번 강조하고 싶습니다.

나로 살고 싶은
여성의 글쓰기

은유(작가)

글쓰기는 자기 서사를 만들어가는 일

안녕하세요? 반갑습니다. 제 소개부터 할게요. 저는 은유입니다. 제 이름 은유가 무슨 뜻이냐, 필명이냐 본명이냐 물어보는 분들이 많아요. 어떤 분들은 가명이냐고 물어보기도 하시고요 (웃음). 가명이 틀린 말은 아닌데, 정확한 표현은 아니죠. 은유는 필명이 맞습니다. 제 본명은 김지영입니다. 그렇다면 그 유명한 '82년생 김지영'? 설마?(청중 웃음) 저는 1971년생입니다. 필명 은유는 은유법의 그 은유가 맞아요. 메타포라고도 하죠.

학교 다닐 때 직유법과 은유법에 대해 배운 것 다들 기억하실 거예요. "사과 같은 내 얼굴"처럼 서로 닮은 사물을 '~같은', '~처럼' 표현을 써서 유사성의 원리로 연결시키는 게 직유법이죠. 반면 "내 마음은 호수다"처럼 이질적인 존재를 연결시키면 은유법이 돼요. 저한테 글 쓰는 일, 읽는 일은 전혀 상관없어 보이는 것들을 계속 연결하는 작업이었던 것 같습니다. 글을 읽다 '아, 그래. 나한테도 이런 일이 있었어' '이것과 저것이 이렇게 관련이 있구나'라고 공감하면서 세계가 넓어지는 작업이랄까? 오늘 강의가 글쓰기에 관한 것이니까 은유의 작동 원리를 기어

하고 있으면 크게 도움이 될 거예요. 은유라는 필명에는 이처럼 연결됨의 지향과 가치가 담겨 있습니다.

그렇다고 제가 처음부터 이렇게 큰 뜻을 품고 필명을 정한 것은 아니에요(웃음). 제가 글을 읽다 보면 은유적인 표현에 몸이 반응하는 걸 느끼게 되더라고요. 니체의 〈차라투스트라는 이렇게 말했다〉를 읽을 때가 특히 그랬어요. 이 책에 보면 은유적인 표현이 굉장히 많이 나오는데 이것들이 뭔가 가슴에 와 닿는 말, 한 번 더 생각해보게 하는 문장들이었달까요? 그래서 제 필명을 은유라고 지었습니다. 그런데 어떤 분들은 온유(아이돌 그룹 '샤이니' 멤버)라고도 읽어요(청중 폭소).

(예능 프로그램에서 탤런트 박보검이 〈쓰기의 말들〉을 읽고 있는 캡처 화면을 보여주며) 여러분, 제가 이런 사람이에요. 이 책, 제가 쓴 겁니다(웃음). 제가 글쓰기에 대한 책을 두 권 냈고, 여성으로서의 정체성을 갖고 살아가면서 쓴 글을 모은 책(〈싸울 때마다 투명해진다〉)도 한 권 냈고, 인터뷰집도 두 권(〈폭력과 존엄 사이〉〈출판하는 마음〉) 냈어요. 그런데 그중 왜 박보검 사진을 맨 위에 올렸느냐면, 독자들이 좋아해서예요(웃음).

〈효리네 민박〉이라는 예능 프로그램에서 저 장면이 나오는 바람에 〈쓰기의 말들〉(유유출판사, 2016)이 제 대표 저서가 되고 말았죠. 그런데 그보다 앞서 나온 글쓰기 책이 〈글쓰기의 최전선〉(메멘토, 2015)이에요. 본래는 〈글쓰기의 최전선〉을 기억하고 좋아해주는 분들이 많았는데, 〈효리네 민박〉 이후로는 〈쓰기의 말들〉을 가져와 사인해달라는 분들이 많아졌어요. 낯선 곳에 강의를 하러 갔을 때도 "박보검이 읽었던 〈쓰기의 말들〉 저자입니다"라고 저를 소개하면 청중들이 더 편안하게 느끼시는 듯하고요. 이런 과정을 보면서 서사의 중요성에 대해 다시금 생각하게 됐습니다. "내가 이 책을 썼어"라고 했을 때보다 "이 책을 박보검이 갖고 나와 〈효리네 민박〉에서 읽었대" 하면 더 강한 서사 라인이 형성되죠. 그러면 이 책은 죽지 않아요. 이야기가 있어서 생명력이 더 길어집니다. 어떤 존재에 대해 뭔가 이야기가 만들어진다는 게 그래서 중요하다는 생각이 들어요.

그런데 우리 사회에서 자기 이야기가 있는 사람, 스토리 라인이 있는 사람은 어떤 사람일까요? 가만 생각해보면 힘 있는 사람들입니다. 힘 없는 사람들은 자기 서사가 없다 보니 이 사회에서 삭제된 존재가 되는 거죠. '그렇다면 우리가 글을 쓴다는 게 뭐냐? 결국에는 자기 서사를 만들어가는 것이다.' 오늘은 이에 대한 얘기를 집중적으로 해보고 싶습니다.

나쁜 언어를 좋은 언어로 바꿔내는 글쓰기

먼저 작가에 대한 얘기부터 해볼까요? 오늘 모인 분들은 아마도 글쓰기에 관심이 많아 오신 분들일 거예요. 글 쓰는 사람, 곧 작가가 되고 싶다는 생각을 가진 분들도 많을 거고요. 그런 만큼 글 쓰는 법에 대해 도움을 드려야 할 텐데, 저는 그에 앞서 글 쓰는 일이 대체 뭐냐는 질문을 먼저 던지고 싶습니다. 글 쓰는 일이 뭔지, 작가가 뭔지에 대해 스스로 정의를 내리는 일부터 고민하다 보면 내가 어떤 글을 쓰고 싶고, 그 글을 통해 누구와 소통하고 싶은지 생각이 정리될 테니까요.

작가 하면 정적인 이미지가 떠오르죠. 골방에서 원고지와 씨름하는 이미지, 고뇌에 찬 지식인의 이미지 등등. 그런데 저는 그런 이미지와 잘 안 맞는 것 같아요. 저는 오히려 글 쓰는 활동가로서의 정체성을 갖고 있거든요. 어떤 활동이냐고요? 저는 '언어를 바꾸는 사람이 작가다'라고 생각합니다. 존재와 존재를 갈라놓으려는 나쁜 언어가 굉장히 많은데, 이걸 존재와 존재를 연결시키는 좋은 언어로 바꿔내는 사람이 작가라는 거죠.

그렇다면 나쁜 언어가 뭘까요? 예를 들어 "아이들은 판단력이 없어"라는 말을 어른들이 무심코 내뱉곤 하죠. 2018년 지방선거를 앞두고 청소년 참정권을 얻기 위해 농성하던 청소년 인권 단체에서 비판한 것도 바로 이 말이었습니다. 그런데 경제협력개발기구OECD 국가 중 만 19세 청소년에게 투표권을 주지 않는 나라는 한국이 유일하다고 하죠. 다른 나라는 만 17세, 18세면 투표권을 준다고 하니까요. 여기에는 아마 유교적인 전통도 영향을 미쳤을 겁니다. "어려서 뭘 알아" 하면서 청소년을 성인들과 분리시키고 어떤 결정에서도 배제시켜온 게 우리 관습이었으니까요.

그런데 미학자인 양효실 선생님은 이렇게 말합니다. "아이들은 미숙한 게 아니라 예민할 뿐이고, 어른들의 규범이 지배하는 사회에서 힘들게 살아가는 '외국인'일 뿐이다"라고요. 저도 청소년에 대한 편견이 많았던 사람인데, 강연을 다니면서 많이 깨졌습니다. 그전까지는 아이들이 왠지 좀 단순하고, 성인들의 경험 위주로 된 제 글쓰기 책도 이해하지 못할 것 같다는 생각을 갖고 있었어요. 아이들은 생활 반경이 좁고 삶의 풍파를 겪지 않았으니까요. 그런데 그게 아니더라고요. 제가 엄마, 딸, 며느리, 아내 같은 여성 정체성으로 살아간 경험을 쓴 책이 〈싸울 때마다 투명해진다〉(서해문집, 2016)라고 말씀드렸는데, 이 책은 왠지 출산과 양육 경험이 있는 기혼 여성들이 더 많이 공감을 할 것 같잖아요? 그런데 여고생들이 이 책을 읽고 너무 많은 피드백을 주는 바람에 제가 깜짝 놀랐어요.

여성을 상대로 한 나쁜 말들이 우리 주변에는 정말 많습니다. "여자는 예뻐야 된다" "그러니까 조심했어야지 왜 밤늦게 돌아다녀" "결혼했으면 애 키우는 게 남는 거야"…… 저도 엄마한테 "네가 몇 푼이나 번다고 돌아다니니? 애 잘 키워라"라는 말을 참 많이 들었어요. 여성의 노동은 흔히 노동으로 인정받지 못하죠. 그러면서 항상 '애들 학원비 벌려고 나왔다' 같은 말이 유통되다 보니, 이게 편견이 되고 통념이 되어 남녀간 임금 격차가 부당하게 벌어지는데도 항의하지 못하게 됩니다. 우리 사회에 흘러 다니는 말들이 가만 보면 이런 식이에요. 너무 많은 편견이 담겨 있고, 사회적으로 힘이 없는 약자와 소수자를 배제하는 말들이죠. 이에 대한 민감도를 갖는 게 글쓰기의 시작이 아닐까, 저는 생각합니다. 내가 들어 기분 나쁜 말이면 다 나쁜 말이에요. 몸만큼 정직한 건 없거든요. '뭔가 칭찬 같은데 듣다 보니 이상하게 기분 나쁘네?' 싶으면 그걸 다 메모해주세요. 좋은 글감이 될 겁니다. 제가 그렇게 하곤 합니다. 뒤끝이 길어서요(청중 웃음).

무엇을 써야 할지는 글쓰기가 알려준다

그렇다면 글쓰기를 왜 해야 할까요? 나쁜 언어를 좋은 언어로 바꿔낸 것을 정리해 많은 사람들과 공유하는 것 자체도 의미가 있겠죠. 하지만 일차적으로 글을 써 기록하는 건 자기 자신에게 제일 좋은 일인 것 같습니다. 자기 생각과 의견을 가진 사람으로, 거짓 자아가 아닌 자기 자신으로 살아갈 수 있으니까요. 우리가 살아가다 보면 자기를 꾸며내야 하는 일이 많이 생기죠. 직장생활이건, 학교생활이건, 사회생활이건 누군가와 관계를 맺고 살아가야 하니까요. 그 단적인 예가 이른바 '자소서'(자기소개서)인 것 같습니다. 대학에 진학하거나 취업을 준비 중인 학생들이 자소서를 '자소설'이라 부르기도 하던데요. 그만큼 허구라는 얘기겠죠. 예를 들어 자소서를 쓰다 보면 자기 아버지가 일용직일 경우 직업을 아예 밝히지 않고 "평생 성실하게 생활하셨다"라는 식으로 뭉뚱그려 쓰곤 하죠. 부모님이 이혼했을 경우 또한 내가 저지른 일이 아닌데도 이게 불리한 결함이 될까 봐 숨기고 꾸며내야 하고요.

어떤 아르바이트 구직생이 쓴 글을 보니 이런 내용도 있었습니다. 사람 뽑는 광고에는 늘 "성격이 밝고 싹싹할 것"이라는 조건이 붙어 있대요. 그래서 내성적인 자기는 너무 힘들었다는 겁니다. 그렇다면 이 말도 의심해봐야 해요. '왜 모든 사업주들은 성격이 밝고 긍정적인 사람을 원할까?' 여러분은 왜일 것 같으세요? 아르바이트 구직자는 감정 노동을 해야 하기 때문이겠죠. 어떤 진상 고객이 와도 웃으면서 상대해야 하니까. 과묵해도 안 되고, 항상 웃어야 하고, 누가 거친 말을 해도 긍정적으로 응대해야 합니다. 아무리 내성적인 사람이라도 거짓 자아를 꾸며내야 하죠. 이게 단기에 그치는 게 아닙니다. 사회생활 잘한다는 소리를 들으려면 자기를 계속 없애야 합니다. 그러다 보면 결국 자기 소외가 일어나죠. 내가 원하는 게 뭔지, 내가 어떻게 살아왔는지 잊은 채 내 삶을 왜곡되게 편집하는 일이 생겨버립니다. 열심히 살수록 자기는 없어지는 구조죠. 표준화된 삶의 모델에 나를 계속 맞추면서 뭔가 성과를 내는 실적 기계가 돼야 합니다.

이렇게 사회가 나를 계속해서 들볶을 때 자기를 지켜나가는 좋은 수단이 글쓰기라고 저는 생각합니다. 글쓰기를 통해 내 생각과 의견을 가진 사람이 되는 거죠. 저와 함께 글쓰기를 공부했던 전문직 여성이 있었는데, 이분 아버지가 일용직 노동자였어요. 초등학교 중퇴 학력을 가진. 그런데 이분 말에 따르면, 사람들이 외모만 보고 자기를 부잣집 딸로 여기곤 했다고 합니다. 그 바람에 자기도 아버지 학력이나 직업을 숨기게 됐고요. 이분은 그 사실이 너무 가슴 아팠나 봅니다. '아버지가 게으르게 산 것도 아니고 일을 안 한 것도 아닌데, 날마다 지하철 새벽 첫차를 타고 일하러 나가던 분인데, 나는 왜 그런 아버지를 남들 앞에 당당하게 밝히지 못했을까.'

그래서 이분이 글쓰기 수업을 듣기 시작합니다. 아버지의 삶을 글로 정리해보고 싶다는 생각에서요. 이분이 나중에 실제로 글을 썼는데 이런 문장이 있었어요. "아버지는 30년 동안 항상 건설사 대표였다." 또 이런 문장도 있었어요. "초등학교 중퇴라는 것은 무슨 뜻일까. 초등학교를 몇 학년까지 다니신 걸까. 물어보지 못했다." 이 글을 아버지 칠순 때 읽어드렸다고 해요. 〈오마이뉴스〉에도 발표했고요. 저는 이분이 글을 쓰기까지 왜 그렇게 큰마음을 먹어야 했는지 속상했어요. 이런 작업은 일상에서 자연스럽게 이뤄져야 하는데도 말이죠. 우리 사회가 그만큼 억압이 심하다는 얘기일 겁니다. 직업의 귀천을 따지는 편견도 심하고요. '가난하면 게으른 사람' '뚱뚱하면 자기 관리 못 하는 사람' 이런 식의 평가 회로를 통해 단순하게 타인의 삶을 재단해버리죠.

어떤 분들은 생각이 있어야 글을 쓸 게 아니냐고 말씀하시는데, 그렇지 않아요. 글을 쓰면서 생각이 만들어집니다. 이 전후 관계를 헷갈리시면 안 돼요. 이것이야말로 우리가 글쓰기에 대해 갖고 있는 구조적 편견입니다. 내 안에 이미 악보가 다 완성돼 있고, 이걸 연주만 하면 된다? 우리가 무슨 모차르트인가요?(청중 웃음) 글쓰기란, 내 안에 생각이 있어 이걸 아웃프린팅하는 게 아니에요. 그렇다면 오히려 글쓰기가 쉽겠죠.

글쓰기가 힘든 이유는 글을 쓰면서 내가 계속 생각을 만들어나가야 하기 때문입니다. '내가 아버지에 대해 부끄러워했나? 부끄러워하진 않았는데, 자랑스러웠던 것 같지도 않아.' 글을 쓰다 보면 이런 식으로 계속 헷갈리거든요. 사람의 마음은 단순하지 않습니다. 복잡하죠. 그러니 글을 쓰다 보면 계속 결정을 내려야 합니다. 그래서 글 쓰는 게 힘이 드는 거죠. 저는 이렇게 말합니다. "언어는 생각을 표현하는 도구이면서 생각을 형성하는 도구이기도 하다"고요. 생각을 표현만 하면 될 것 같지만 그렇지가 않아요. 생각을 형성해가는 과정이 있기에 글쓰기가 힘이 드는 거죠. 그런가 하면 글쓰기에는 생각을 표현하고 형성하는 기능 외에 또 하나의 기능이 있어요. 검증하는 기능이 그것이죠. 글을 써서 타인과 나누다 보면 내 생각의 잘못된 부분을 바로잡을 수 있습니다. 저는 글쓰기 기능 중 이게 제일 좋은 것 같아요. 내가 발표하지 않았으면 몰랐을 나의 오류를 알게 되는 것!

정리하자면, "우리는 이미 알고 있는 것을 쓰는 것이 아닙니다. 글을 쓰는 동안 자신이 무슨 말을 하고 싶은지, 무엇을 알고 있는지 발견합니다. 글을 써보지 않으면 자신이 무엇을 쓸 수 있는지, 무엇을 알고 있는지 알지 못합니다. 일반적인 이해는 순서가 거꾸로 뒤집혀 있습니다." 이건 우치다 타쓰루라는 일본의 철학자가 쓴 글쓰기 책(《어떤 글이 살아남는가》, 김경인 옮김, 원더박스, 2018)에서 가져온 문장인데요. 이게 딱 맞습니다. 글을 쓰다 보면 생각이 명료해지죠. 그전까지는 모호했거나 대충 알고 있던 것도 정확하게 알게 돼요. 어떤 일을 겪었을 때 글로 쓰면 좀 더 선명해집니다. 저의 경우 글을 쓰면서 제가 읽은 책을 복기하게 되는데, 단순히 책 내용을 인용만 하려 해도 어설프게 이해한 걸로는 잘 안 됩니다. 그 내용을 제대로 소화를 시켜야 해요. 그런 만큼 책을 읽을 때도 그냥 읽는 것보다 읽고 나서 글을 쓰는 게 적극적 독서 행위로 연결이 되죠. 저는 이걸 꼭 권해드리고 싶습니다.

생각을 다시 생각하는 것이 글쓰기의 핵심

글쓰기는 기술이 아닙니다. 생각의 근력을 기르는 일입니다. 글쓰기, 라고 하면 기술을 배우는 거라고 생각하는 분들도 많은데, 그건 표현력에 해당하는 얘기고요. 글쓰기에 결정적인 것은 사유하는 것 곧 사고력입니다. 사고력이 뒷받침되지 않으면 글을 지속적으로 쓰긴 힘들어요. 명료하게 표현하는 것도 중요하지만 그보다 더 중요한 것은 앞서 말씀드린 대로 문제의식을 갖는 것, 뭔가 불편하다고 느끼고 그 구조까지 내려가보면서 생각하는 힘, 그런 것들이거든요.

'생각은 하는 것이 아니라 낳는 것이다'라는 점도 강조하고 싶어요. 이렇게 말씀드리면 '생각 안 하고 사는 사람도 있어?'라고 반문하실 수도 있겠는데, 생각한다는 건 생각을 생각하는 겁니다. 예를 들어 "그래도 대학은 나와야지"라고 흔히들 생각하는데, '그 생각은 과연 어디서 나온 걸까?' '누가 나한테 그렇게 말했지?'라고 그간 갖고 있던 생각을 다시 생각해보자는 거죠. '그래도 서울에 살아야지. 서울에 기회가 많잖아?' 내지는 '아이를 안 낳아보면 후회한다던데'라는 생각을 갖고 있다면 그것에 대해서도 '내가 왜 이런 생각을 하게 됐지?' 하면서 다시 생각해보고요. 우리가 많은 생각을 무비판적으로 수용하고 그것이 마치 진리인 양 믿어버리는 경우가 많습니다. 조금 전 아이들은 어른들의 규범이 지배하는 사회에서 예민한 존재로 살아간다는 표현을 소개해드렸는데, 아이들은 도덕화되지 않은 거죠. 도덕의 질서에 익숙해진 어른들과 달리요. 사회화가 안 됐다는 것은 도덕에 물들지 않은 것이고, 그래서 아이들에게는 사회를 바꿀 힘이 있는 겁니다.

저도 고등학생들이 화장하는 문제를 놓고 생각을 생각하게 되는 기회가 있었어요. 제가 언젠가 글쓰기 관련 학과로 진학하고 싶어 하는 고등학생들을 모아놓고 강연을 할 기회가 있었습니다. 자율학습 시간에요. 그런데 강연 장소에 조금 일찍 도착했더니 학생들이 전부 화장을 하고 있더라고요. 화장용품 파우치를 꺼내서 분칠도 하고, 루즈도 바르고, '구루프'도 말고…… 가만 보니 제가 제일 수수했어요. 그래서 선생님께 여쭤봤죠. 학생들이 화장을 해도 되느냐고요. 그랬더니 화장을 금지시켰다가는 전교생이 교칙 위반사가 될 것 같아 교칙을 비꿨대요. 화장을

허용하는 걸로요. 참 멋진 선생님이죠?(웃음) 그러면서 선생님
이 또 이런 말씀도 하셨어요. "나도 아침에 화장을 못 하고 나오
면 학생들 것을 빌려서 써요"라고요.

그날 강연을 마치고 가면서 '내가 왜 충격을 받았지?'라는 생
각을 하게 됐어요. 제가 그 무렵 서울시 대안학교인 하자센터 학
생들과도 글쓰기 수업을 하고 있었는데요. 하자센터의 경우는
선생님과 학생들이 토론을 벌인 결과 화장을 금지하는 걸로 결
정을 내렸대요. 그 결정에 굉장히 불만을 느낀 친구가 하나 있
었는데, 그 친구가 저한테 물어요. "쌤, 정말 이상해요. 어른들은
화장 안 한 맨얼굴이 예쁘다고 하는데 솔까말('솔직히 까놓고 말해
서'의 줄임말) 화장한 얼굴이 예쁘지 않아요?" 그 얘길 듣고 '어,
그런가?' 하는 생각이 들었어요. 저도 그때까진 화장 안 한 맨얼
굴이 예쁘다고 생각해왔거든요. 그런데 그 생각을 다시 생각해
보게 된 거죠. '이런 내 생각은 어디서 왔지?'라고요. 곰곰 생각
해보니 이게 엄마한테 들은 얘기, 선생님한테 들은 얘기였어요.
제가 보수적인 집안에서 자라다 보니 '긴 머리가 예쁘다' '흰 치
마가 예쁘다' '흰 운동화가 예쁘다' 같은 말을 의심 없이 받아들
였던 거죠.

그 뒤 화장하는 고등학생들이라는 화두를 갖고 글을 쓰면서
고등학생들을 관찰해보니 이상한 것들이 눈에 띄었어요. 청소
년들은 학교에서 화장 금지를 당하는 것과 달리 하교 이후 아르
바이트를 하러 가면 외모 노동 내지는 꾸밈 노동을 강요받아요.

"립스틱이라도 발라라" "얼굴이 그게 뭐니?" 화장을 안 하면 예의 없는 여성 취급을 받게 되는 거죠. 이런 것들을 보며 생각을 확장시켜가다 보니 '여성의 몸은 누구의 것인가? 내가 꾸미고 화장하는 것에 대한 결정권은 누구한테 있는 거지?' 하는 생각에까지 이르게 되더라고요. 분명한 것은, 그 누구가 여성 자신은 아니라는 거죠. 사회적으로 암묵적인 강요가 있는 거니까요. 어른들이 흔히 화장 못 하게 하는 논리로 드는 게 '화학약품은 몸에 해롭다'는 거죠. 그렇다면 몸에 해로운 것은 왜 만들어 파는 걸까요? 어른들이 무책임하게 말이죠. 몸에 덜 해로운 고급 화장품을 아무나 살 수 있는 것도 아닐 텐데요.

이런 식으로 생각을 계속 발전시켜 나가는 게 글쓰기입니다. 그래서 저는 짧은 글이라도 매일 쓰시라고 권합니다. 그래야 비로소 생각하게 되니까요. 제 글쓰기 방법은 머릿속에 뭔가 생각이 딱 들어왔을 때 그것에 대해 한번 써보는 겁니다. 그러다 보면 제 생각이 일차적으로 정리가 되니까요. 고등학생들이 화장하는 문제에 대해서도 이렇게 글을 쓰다 보니 '내가 기성세대로서 너무 편견을 갖고 바라봤구나' 하는 생각이 들었어요.

사실 다른 결정들도 크게 다르지 않습니다. 아이들이 당사자인데도 배제해버리죠. 제가 강의하고 글쓰기 책도 내고 하다 보니 언론사 기자들이 글쓰기 교육과 관련한 취재를 할 때 전화를 걸어오곤 해요. 지난달에도 어떤 기자가 제게 전화를 걸어서 "선생님은 아이들이 글쓰기를 할 적당한 시기가 몇 학년이라고 생각하세요?"라고 물어요. 그래서 제가 오히려 물었습니다. "아니, 그걸 왜 저한테 물어보시죠? 아이들한테 물어보세요. 언제 쓰고 싶은지"라고요. 어른들은 늘 이런 식입니다. 당사자인 아이들을 배제한 채 교화와 계몽의 대상으로 여기죠. 아시다시피 글쓰기라는 건 자기 욕구가 있어도 무척 힘듭니다. 그런데 아이들이 욕구도 없는 상태에서 어른들의 강요에 의해 글을 쓰다 보면 어른들이 좋아하는 말만 쓰게 돼요. 걔네들도 다 살 궁리를 하거든요. 그런 글쓰기는 좋지 않습니다. 물론 그 기자분의 기사에는 저의 이런 답변이 전혀 나오질 않았더라고요(웃음).

수영과 글쓰기의 공통점

지금부터는 글쓰기의 방법론에 대해 얘기해볼까요? 글을 쓸 때 제일 어려운 게 규칙적으로 쓰는 겁니다. 매일 쓸 필요는 없지만 규칙적으로 써야 해요. 강제성이 있어야 글 쓰는 사람이 될 수 있습니다. 글 쓰는 사람이 된다는 걸 너무 추상화하거나 낭만화하시면 안 돼요. 글 쓰는 일은 마치 매일 수영장에 가는 것과 같습니다. 저도 요즘 수영을 하러 다니고 있습니다만, '수영이 왜 어렵나?' 생각해봤더니 우리가 육지 생활자여서인 것 같아요. 수영을 한다는 건 수중 생활자가 되는 일이니까요. 똑같이 내 몸을 갖고 하는 일이지만 물 안에서 숨 쉬고, 이동하고, 자유를 느껴야 한다는 게 육지에서와는 엄청난 차이가 있죠.

　글 쓰는 일도 마찬가지입니다. 우리가 모두 모국어를 쓰고 있지만 글 쓰는 것과 말하는 것 사이에는 하늘과 땅처럼 엄청난 차이가 있죠. 수영을 한다는 게 내 신체와 물속 환경 사이에 공통의 리듬을 만들어가는 일이듯, 구어 생활자가 문어 생활자가 되려면 다른 신체 리듬이 만들어져야 합니다. 그러려면 규칙성이 중요하다는 거죠. 수영을 배우려면 수영장에 가야 하듯 글을 쓰기 위해서는 책상에 일단 앉아야 합니다.

그다음이 물에 들어가는 단계일 텐데, 입수는 첫 문장 쓰기입니다. 글을 일단 시작하는 거죠. 물에 대한 공포는 물에 들어가야만 없앨 수 있습니다. 물 밖에서 아무리 '물은 무섭지 않다' '내가 공포를 느낄 뿐이다'라고 자기 암시를 해도 물에 들어가지 않으면 공포를 극복할 수 없듯, 글쓰기 또한 첫 문장을 일단 써야만 글쓰기에 대한 공포를 없앨 수 있어요. 저도 글쓰기가 직업이지만 노트북에 흰 화면을 띄어놓고 있으면 엄청 막막합니다. '제대로 쓸 수 있을까' 싶어 걱정도 되고요. 그래도 첫 문장을 시작하고 나면 마음이 좀 편해지죠. 그러니 첫 문장을 빨리 쓰는 게 중요합니다. 글쓰기는 글쓰기를 통해서만 배울 수 있어요.

입수 다음은 '락스 섞인 물 1.5리터쯤 먹을 각오하기' 단계라고나 할까요? 제가 지금 월·수·금반에 다니며 수영을 배우고 있는데, 수영을 하고 난 뒤 물을 마시고 있었더니 어떤 분이 지나가면서 "아니, 수영장에서 물을 그렇게 많이 먹고도 또 목이 말라요?" 하시더라고요(웃음). 실제로 수영을 배우다 보면 물을 엄청 먹게 됩니다. 수영상 물이 내 꼼에 들이오고, 내 침이 또 수영장 물로 나가고, 그러면서 안팎이 막 섞이게 되죠.

글쓰기도 마찬가지입니다. 어떤 책을 읽다 보면 새로운 단어가 내 안으로 들어오기도 하고, 내 안에 있던 거친 생각이 바깥으로 나가기도 하죠. 이게 자꾸 순환이 돼야 합니다. 여기서 포인트는 엉망인 글을 토해내는 거예요. 그런데 자의식 강한 분들은 이걸 힘들어하십니다. 내가 글을 안 쓰고 있으면 언젠가는 잘 쓸 수도 있는 사람인데, 일단 써버리고 나면 못 쓰는 사람이 되어버리니까요(청중 웃음). 이걸 확인하는 게 너무 싫은 거죠. 자의식이 높으면 글을 못 씁니다. 그래서 글을 쓰면 겸손해져요. 뭔가를 자꾸 꺼내놓는 게 중요합니다. 글쓰기는 실패 체험입니다. 처음부터 잘 쓸 수는 없어요. 자전거를 배울 때 계속 넘어져봐야 균형을 잡고 자전거를 탈 수 있듯, 계속 물을 먹어야 비로소 물에 뜰 수 있듯, 서툰 생각과 거칠고 설익은 표현들을 토해내야 그 생각과 표현들이 정교해지고 다듬어지는 겁니다.

그다음 단계는 수영 잘하는 친구를 옆에 두는 거예요. 물에 빠졌을 때 구해줄 친구를 옆에 두듯 글을 쓸 때도 누군가 곁에 있으면 훨씬 좋습니다. 혼자 글을 쓰다 보면 너무 지루하고 외롭고 막막해요. 반면 누군가 내 글을 읽어준다 싶으면 그게 굉장한 동력이 되죠. 왜냐하면 자기 글의 허물은 자기 눈에 잘 안 보이는데 남의 글은 잘 보이거든요. 훈수 둘 때 판이 잘 보이는 거랑 비슷해요. 제가 글쓰기 수업을 할 때마다 신기하게 느끼는 게 사람들이 남의 글을 보면서 이상한 부분을 잘 짚어낸다는 거예요. 우리 모두가 글 보는 눈을 다 갖고 있는 셈이죠. 그런 만큼 같이 읽고 생각을 나누며 자기 글의 균형을 잡는 게 중요합니다. 나 자신은 내 글의 어디가 이상한지 잘 모르거든요. 저는 글쓰기가 직업인데도 여전히 글을 쓰고 난 뒤 미심쩍거나 확신이 서지 않을 때가 있습니다. 그럴 때는 글 쓰는 친구들에게 제 글을 보내 어디가 이상한지 물어봐요. 제게는 잘 안 보이니까요. 한 사람이 갖고 있는 경험과 시야는 한정되게 마련입니다. 그 부분을 자꾸 넓혀가야 해요.

수영하는 법을 익히는 마지막 단계는 다음 날에도 수영장에 가는 겁니다. 글쓰기도 마찬가지예요. 꾸준히 쓰셔야 합니다. 한 편 써놓고 '글쓰기 왜 안 늘지?' 하면 안 됩니다. 톨스토이가 이런 말을 했다고 해요. "매일 작업하지 않고 피아노나 노래를 배울 수 있습니까? 어쩌다 한 번으로 얻을 수 있는 것은 결코 없습니다"라고요. 그러니 매일 쓰셔야 합니다. 미국의 시인 테드 쿠저는 "미루겠다는 것은 쓰지 않겠다는 것이다"라는 말을 남겼는데요. 다이어트를 떠올리면 이 말이 바로 이해가 될 겁니다. '내일부터 써야지' 하는 건 결국 안 쓰겠다는 거예요. 바로 써야 합니다. 그렇다면 어떻게 바로 쓸 것이냐? 사실 의지로 되는 일은 별로 없죠. 그런 만큼 일과 시간을 확보해두는 게 가장 확실합니다. '내가 월요일 저녁 7시부터 밤 12시까지는 초고를 쓰겠어' 내지는 '토요일 아침 9시부터 오후 3시까지는 글을 쓰겠어' 하는 식으로 시간을 확보하는 게 우선이라는 거죠.

백 년 전 버지니아 울프는 말했습니다. 여성이 글을 쓰려면 자물쇠 달린 자기만의 방과 연간 500파운드의 돈이 필요하다고요. 그런데 지금은 자기만의 방이 없어도 되죠. 왜냐하면 우리에겐 스타벅스가 있으니까요(청중 웃음). 커피숍 말고 도서관, 지역 센터 등 공공장소도 많습니다. 공간은 그런 곳을 이용하면 되죠. 문제는 시간입니다. 현대인은 시간이 많이 없습니다. 그런데 어설프게 두어 시간 비워둔 정도로는 글을 쓰기 어려워요. 저는 최소한 다섯 시간 정도는 있어야 초고를 쓸 수 있습니다. 컴퓨터를 켜면 바로 글이 써지나요? 그렇지 않죠. 기사 봐야지, 쇼핑몰 둘러봐야지, 이런저런 예열 시간이 필요합니다. 그러니 시간을 너무 촉박하게 잡으면 '에이, 인생 뭐 있어' '그동안 글 안 쓰고도 잘살았는데' 하면서 쓰는 걸 포기해버리고 말아요. 저도 초고를 쓰는 날은 다른 스케줄을 아무것도 잡지 않습니다. 저녁에 강의라도 있으면 마음이 쫓겨 초조해져요. 그런 만큼 초고를 쓰는 날은 모든 일정을 비워놓습니다. 여러분도 글을 쓰기 위한 시간을 충분히 확보하시기 바랍니다.

"분노하고 있을 때야말로 글을 쓰기 가장 좋은 때다"

그렇다면 글감 찾기는 어떻게 해야 할까요? 표현력이 좋을 경우 글 한 편 정도는 잘 쓸 수 있겠죠. 그렇지만 글감이 없다, 다시 말해 내가 사고하는 힘이 없어 일상에서 글감을 발견해내는 안목이 없다 싶으면 글 쓰는 사람으로 살 수가 없습니다. 글 쓰는 사람이 될 수는 있어도 글 쓰는 사람으로 살 수는 없어요. 우리가 소설가가 되고 시인이 되려면 정식으로 등단 절차를 밟죠. 요즘엔 온라인상 어딘가에 글을 게재해 작가로 데뷔하는 절차를 밟기도 하고요. 그런데 이렇게 등단을 해도 작가가 되는 것과 내가 매일 글 쓰는 사람으로 사는 건 또 다른 얘기입니다.

글감은 일상생활에서 겪은 일을 중심으로 찾으면 돼요. 제가 강연을 갔다가 고등학생들이 화장하는 것에 대해 영감을 받아 글을 썼다는 얘기를 해드렸는데요. 일상에서 제가 본 것, 들은 것, 한 것이 있을 텐데 이처럼 내 몸이 통과한 것, 내 몸이 겪은 것을 가지고 글을 쓰게 되면 글이 구체적이고 명료해질 수 있습니다. 그중에서도 속상한 일, 화나는 일, 억울한 일 등 나를 자꾸만 따라다니는 부정적인 감정과 사건을 글감으로 하는 게 좋아요. 그런 의미에서 글쓰기는 사회적 약자에게 훨씬 유리합니다. 사회적 약자는 불편을 겪는 게 많으니까요. 예민한 사람이 능력자가 되는 장이 글쓰기예요.

제가 글을 가장 많이 썼던 시기도 제 인생에서 가장 힘들었을 때였습니다. 집필 노동·돌봄 노동·가사 노동이라는 삼중고에 시달리다 보니 날마다 분열이 일어나더라고요. 온 세상 사람이 다 밉고, 남편은 특히 밉고 하다 보니 사람이 난폭해져요. 그럴 때마다 글을 많이 썼습니다. 글을 쓰면서 마음을 가라앉힌 덕분에 다음 날 또 살아갈 힘이 생기고, 그러다 또 화가 나고, 또 글을 쓰고…… 덕분에 그 시기를 통과할 수 있었던 것 같습니다. 다행이지 않나요? 술 먹고 폐인이 될 수도 있었을 텐데 말이죠(웃음). 제가 이런 얘길 했더니 친구가 실제로 그렇게 물었어요. "넌 왜 술을 안 마시고 글을 쓰니? 술이 훨씬 손쉬운 방법일 텐데." 그 말 듣고 가만히 생각해보니 내 경우에는 술 마시러 밖에 나갈 시간도 없었어요. 아이가 둘이나 되는데다 둘 다 어렸으니까요.

미국의 작가 브렌다 유랜드는 책에 이렇게 썼어요. "실제로 분노하고 있을 때야말로 글을 쓰기 가장 좋은 때다. 만약 당신이 어떤 의무적이고 말뿐인 시시한 이야기가 아니라 분노하고 있는 것에 관해 쓴다면 그 글은 훌륭할 것이다. 격렬한 열정은 생생하고 훌륭하고 완벽한 분위기를 만들어낸다."(《글을 쓰고 싶다면》, 이경숙 옮김, 엑스북스, 2016) 이 대목을 발견하고 너무 반가웠어요. "분노하고 있을 때 글을 쓰면 좋다"는 얘길 제가 하고 다녔더니 저보고 불만 세력이라는 사람들이 많았거든요. 그런데 이 글을 보니 진짜 동지를 만난 것 같았어요. 사람이 화가 났을 때란 세상과 마찰이 있는 때죠. 이럴 때는 기억이 몹시 생생합니다. 글을 잘 쓰려면 내가 잘 알고 있는 주제에 대해 써야 해요. 이걸 주제 장악력이라고 하는데, 내가 그 상황을 지배하고 있기에 주도권을 갖고 글을 잘 쓸 수 있죠. 한탄, 한숨, 울부짖음, 신세타령…… 글쓰기를 할 때 이런 건 모두 필요합니다. 다만 언젠가는 이런 소모적 글쓰기에서 성찰적 글쓰기로 넘어가는 게 포인트죠. 반복되는 틀에서 벗어나야 하니까요. 그럼에도 글을 쓸 때는 저 깊은 곳까지 내려가 자기가 처한 상황에 대해 붙들고 늘어질 필요가 있다는 겁니다.

이를테면 가사 노동, 육아 노동 문제로 저와 남편 사이가 한동안 안 좋았던 적이 있어요. 제가 빨래를 해서 널어놓아도 남편이 며칠이 지나도록 걷을 생각조차 안 하더라고요. 그래서 제가 "빨래 왜 안 걷어?"라고 따졌더니 남편이 "말을 하면 걷을 텐데 왜 화를 내?"라고 대답했어요. "말 안 하면 몰라?" 해도 "말을 안 하면 내가 어떻게 알아?" 하는 식이었죠. 이럴 때 제가 '남편이 미워 죽겠다. 자기 빨래도 섞여 있는데 왜 빨래를 널고 개는 일을 내가 다 해야 하나?'라고 글을 쓴다 한들 과연 제 자신에게 도움이 됐을까요? 그 당시에는 후련할지 몰라도 그다음에 똑같은 상황이 왔을 때 저는 또 똑같이 화를 내고 있었을 겁니다. 그러니 글을 쓰면서 제 자신에게 질문을 던지자는 겁니다. '나는 왜 빨래를 가지고 안달을 할까?'라고요. 그러다 보면 다른 생각을 할 수 있게 될 겁니다. '똑같은 생활 공동체인데 나는 왜 살림을 내 할 일로 인식하는가? 남편은 집안일이 안 돼 있어도 저토록 여유로운데 나는 왜 여유롭지 못한가?'

그뿐 아녜요. 저는 신혼 때 시어머니에게 안부 전화를 이틀에 한 번씩 했습니다. 엄마를 봐서 시어머니에게 잘하라는 친정엄마 당부 때문이었죠. 하지만 지금은 하질 않아요. 다만, 그러면서도 저는 전화를 안 하는 제 자신을 너무 의식하고 있습니다. '내가 전화를 좀 드려야 하는 것 아닐까? 우리 남편은 우리 부모님한테 전혀 전화를 걸지 않으면서도 아무 생각이 없는데, 나는 왜 자꾸 내가 전화를 걸어야만 한다고 생각하는 걸까?' 하면서요.
제 몸에 가부장제의 가치가 내면화돼 있는 거겠죠. 이걸 떨치기
가 참 어렵습니다. 이럴 때 글쓰기의 결론이 '시어른에게 전화하
지 말자'일 수는 없을 겁니다. 다만, 전화를 걸고 싶을 때는 걸어
도 될 텐데 이게 부당한 강요나 억압으로 작동하는 게 문제라는
인식에 이르기까지 조금 더 내려갈 필요가 있을 것 같습니다.

  이걸 저는 "라디오 사연에서 조금 넘어가보자"라고 표현해
요. 라디오 프로그램에 고부 갈등이나 부부 싸움에 관한 사연이
많이 나오죠. "호호호, 사는 게 다 그렇죠" 하면서 마무리되는
사연들요. 이렇게 끝나버릴 게 아니라 이걸 넘어서야 불합리한
구조를 바꿔낼 수 있다는 겁니다. 이 부분을 날카롭게 파고 들어
가는 게 성찰적인 글쓰기예요. 그 구조 안에서 자기를 봐야 합
니다. 감정에만 집중하지 말고, 그렇게 행위하는 나를 보셔야 해
요. '나는 왜 이러고 있지? 왜 안달하지?' 하면서요.

  고레에다 히로카즈라는 일본 영화감독이 있습니다. 〈그렇게
아버지가 된다〉라는 영화를 만들었죠. 제가 그분을 좋아해 그분
이 만든 영화를 다 보고, 에세이도 읽었는데요. 알고 보니 〈그렇
게 아버지가 된다〉가 자기 경험에 근거해 만든 영화더라고요.
고레에다 히로카즈가 본래 TV 다큐멘터리 감독이었는데, 어느
날 다큐멘터리를 찍느라 한 달간 집을 비운 일이 있었대요. 그런
데 오랜만에 집에 들렀다 다시 출장을 떠나는 날 세 살짜리 딸이
"아빠, 또 와!" 하고 인사를 한 거예요. 이 일을 겪고 그가 충격

을 받습니다. 그러면서 '아버지가 된다는 건 뭘까? 시간에 의해서일까, 피에 의해서일까?' 뭐 이런 고민을 하다 영화로 발전시키게 된 거죠.

그런데 저는 이 에피소드를 읽으면서 '그가 여성 감독이었다면 한 달 동안 집을 비울 수 있었을까? 책에 이런 내용을 버젓이 쓸 수 있었을까?' 하는 생각이 들었어요. 여성 감독이었다면 책임감 없는 엄마로 낙인찍힐 수도 있었을 일이 남성 감독에게는 창작의 동력이 된다? 화가 나더라고요. 영화감독은 직업 특성상 출장이 많을 수밖에 없죠. 게다가 고레에다 히로카즈 감독은 시나리오까지 직접 쓰다 보니 며칠씩 집 아닌 곳에 틀어박혀 있는 일도 많았다고 에세이에 쓰고 있어요. 저는 아이를 키우는 주부다 보니 '그럼 애는 어떡해?' 이런 것들만 보이더라고요. 제가 감독을 비판하려는 건 아니고요. 이렇게 글을 읽으면서도 '왜 남성은 여성보다 많은 성과를 낼 수밖에 없나? 이렇게 작업할 수 있는 뒷받침을 누가 해줬나? 남자가 고상하게 영화를 찍는 동안 아내는 어떻게 살았을까?' 등등을 생각해볼 수 있다는 얘깁니다.

여성을 비난하고 상품화하는 사회에서의 글쓰기

흔히 여성들의 모성이 신성하다 하는데, 이거야말로 신앙화한 부분이 크죠. 저는 아기를 낳는 동안 '아기 낳는 게 이렇게 아픈데, 왜 아무도 얘길 안 해줬지?' 하는 생각을 계속했어요. 모성이 신성하다는데 저는 아이를 낳는 동안 짐승이 된 것 같았거든요.

일종의 야만 체험이랄까요? 이런 고통이 왜 삭제됐을까라는 생각이 들더라고요. 여성이 생리하는 것도 너무 당연한 일인데, 생리대를 사면 까만 봉투에 죄지은 것처럼 사들고 가게 하는 것도 이상한 일이죠. 우리 사회에는 이야기되지 않는 여성들의 고통이 너무 많습니다.

제가 〈싸울 때마다 투명해진다〉에 지방 도시에서 발생한 신생아 유기 사건을 소재로 한 글을 한 편 실었는데요. 어떤 사건이었느냐면, 20대 초반 여성이 아기를 낳자마자 택시를 타고 멀리 떨어진 동네에 가서 음식물 쓰레기통에 아기를 버린 사건이었어요. 보통 이런 사건이 벌어지면 사람들이 해당 여성을 욕하곤 하죠. '인면수심' '너도 똑같이 당해봐라' 따위 댓글이 달리기도 하고요. 그런데 저는 제 출산 경험에 비춰보니까 궁금하더라고요. '아기를 낳으면 정말 아픈데, 어떻게 그 아픈 몸을 이끌고 택시를 탔을까?' 아기를 낳으면 유선이 분비돼 젖이 돌면서 가슴도 몹시 아픕니다. 돌덩이처럼 딱딱해지고요. 그래서 아기 낳는 것보다 젖몸살이 더 아팠다는 여성들도 적지 않죠. 그렇게 몸도 아프고, 피도 쏟아졌을 텐데 그 젊은 여성이 어떻게 버텼을까…… 그래서 지역 신문을 좀 더 검색해봤더니 그 여성이 부모님이랑 같이 살고 있었다는 추가 정보를 찾을 수 있었어요. 그렇다면 더 이상한 거지. 딸의 배가 막달까지 불러오도록 부모님이 몰랐다는 거잖아요. 그런 상태로 화장실에서 아기를 낳고, 택시를 타고 가 아기를 버렸다? 그 상황을 그려보건대, 이 여성이 혼자서 너무도 분투했겠다 싶더라고요. 일단 임신은 했는데 도움 구할 곳이 한 군데도 없었던 거니까요. 생물학적 아버지도, 엄마나 아빠한테도 말 못 해, 여성 단체 같은 데도 몰라⋯⋯

이 사건을 보며 '가족이란 뭐냐'를 생각해보게 됐어요. 흔히 가족이라 하면 단란하고 서로에게 힘이 되어주는 안전한 공동체를 떠올리겠지만, 사실 이 가족의 경우는 딸이 아기를 낳을 때까지 아무도 몰랐던 거니까요. 이 가족뿐만이 아니죠. 현대 사회에서 가족이란 도구적인 관계일 때가 많습니다. 아빠는 나가서 돈 벌고, 엄마는 아이 잘 키우고, 아이는 공부 잘해서 부모님한테 효도하는 식으로 각자 역할을 수행하기 바쁘죠.

그런가 하면 이 여성은 아이를 낳아 키우느니 차라리 신생아 유기범이 되는 걸 선택했어요. 미혼모가 되는 게 왜 그렇게 두려웠던 걸까요? 아마도 우리 사회의 편견이 심하기 때문이겠죠. 이 글을 쓰면서 외국 사례도 찾아보았습니다. 그랬더니 호주나 독일의 경우는 고등학교에 영아원도 있더라고요. 미혼모들의 학습권을 보장하기 위해서요. 한국도 시스템이 좀 바뀌었으면 좋겠다는 생각을 하게 됐습니다. 성교육 한답시고 괜히 이상한 올챙이 영상이나 보여주지 말고, 콘돔 사용법이나 원치 않는 임신을 했을 때 어디를 찾아가 어떻게 도움을 요청하고 문제를 해결할지 가르쳐주어야 하지 않나 싶었던 거죠.

저는 이 신생아 유기 사건을 보면서 총체적으로 어른들이 잘못한 것이라는 생각이 들었습니다. 여성에 대한 비난은 손쉬우 비난이에요. 보이는 사람에 대해 손쉬운 비난을 할 게 아니라 그 사람이 왜 그럴 수밖에 없었는지를 들여다봐야죠. 직장맘들의 경우 회식에 참석하면 "애는 누가 봐요? 이 시간에"라는 식의 불필요한 질문을 받습니다. 박근혜 대통령이 세월호 사고에 대해 미온적인 태도로 무능력한 지도자의 모습을 보였을 때 "애를 안 낳아봐서 그렇다"고 얘기하는 분들도 있었죠. 이건 굉장히 이상한 논리입니다. 애를 낳으면 성인군자가 되나요? 비판할 거면 상대의 무능력을 비판하면 되는데, 왜 비출산 상태를 문제 삼나요?

"남자는 군대 갔다 와야 사람 된다"는 말도 폐기돼야 할 말입니다. 군대 다녀와 식물인간이 되고 의문사를 당하는 사람도 많아요. 그런데 이런 말은 안 생깁니다. 왜 그럴까요? 죽은 자는 말이 없어서일까요? "고생 끝에 낙이 온다"는 말도 있죠. 저는 이런 말도 고생 끝에 낙이 온 사람들만 자서전을 쓰다 보니 생긴 말이라고 생각합니다. 고생하다 죽은 사람들은 기록이 남지 않아요. 김제동 씨가 "남자들은 여자 말만 잘 들으면 된다"는 말을 했다던데, 저는 이것도 여자를 칭찬한 말이라 생각하지 않습니다. 그게 아니라 오히려 여성에게 정서 노동, 감정 노동을 더 요구하는 말이죠. 이렇게 여성이 다 알아서 해야 한다는 식으로 가다 보니 남성들은 계속 무능하거나 의존적이 되고, 뭔가 잘못됐을 때 책임은 모두 여성에게 귀착되니까요.

또 한 가지, 의문을 제기하고 싶은 게 '왜 여성들은 맨날 반성을 할까?' 하는 거예요. 외모 평가라는 말이 있죠. 실제로 우리는 여성의 외모에 대해 많은 말을 합니다. "너, 정말 어려졌다" "그대로네?" 하면서요. 한국은 체면 문화다 보니 외모가 굉장히 중요합니다. 저도 오늘 좀 꾸미고 나왔어요(청중 웃음). 몇 년 전 한국여성민우회에서 '외모에 대해 말하지 않는 일주일 살아보기' 라는 캠페인을 했습니다. 제가 당시에 그걸 실천해보려 했는데 정말 어렵더라고요. 우리는 외모에 대해 어떤 식으로든 습관적으로 말을 합니다. 이게 일종의 안부 인사처럼 돼버린 거죠. 이에 맞서 페미니스트들은 외모에 대해 말하지 않고, 꾸밈 노동도 하지 않는 등 여러 가지 의식적인 실천을 하곤 합니다. 그런데 언젠가 강연 중 한 여성이 이렇게 물었어요. "저는 페미니스트인데 친구와 잘생긴 남자 배우에 대해 얘기를 했어요. 페미니스트가 이런 식으로 외모 평가를 해도 되나요?" 라면서요. 이걸 보고 여성들은 반성을 해도 너무 해서 탈이라는 생각을 했습니다(청중 웃음). 외모에 대해 말하는 것, 이성애자가 다른 성별을 가진 대상에 대해 호기심을 갖고 말하는 것 자체가 과연 잘못일까요?

한국여성민우회가 외모 평가를 하지 말자는 캠페인을 한 건 어떤 의미였냐면요. 우리가 거울을 볼 때면 "요즘 내 팔뚝이 너무 굵어졌어" 하는 식으로 자기 자신을 평가하곤 합니다. 그런데 왜 팔뚝은 가늘어야만 하는 걸까요? 결국 거울을 통해 내가 나 자신을 보는 게 아니라 남성의 시선으로 여성을 보기 때문일 거예요. 남성의 시선을 내면화해 나를 보고 있다는 거죠. 이렇게 여성을 대상화하다 보면 한 사람을 인격체로 보지 않고 성적 대상으로 보게 됩니다. 허벅지네 꿀벅지네 하면서 여성을 자꾸 부위별로 보게 되고요. 남성들은 가부장제의 오랜 역사 속에서 여성을 성적 대상화하는 데 익숙해져 있죠. 여성들도 여기 너무 오래 노출돼 있다 보니 자율적으로 판단하질 못하는 거고요. 이런 맥락에서 외모 평가가 위험하다는 거지, 외모에 대한 발언 자체가 문제는 아니라는 겁니다.

글쓰기 제1원칙 "설명하지 말고 보여줘라"

지금부터는 저의 글쓰기 원칙에 대해 말씀드릴게요. 저의 글쓰기 제1원칙은 "설명하지 말고 보여줘라"입니다. 그렇다면 뭐가 설명하는 거고, 뭐가 보여주는 거냐? 먼저 저와 같이 글쓰기 수업을 하고 있는 한 친구의 글을 보여드릴게요.

나는 언제나 비주류였다.
항상 억울하고 나만 어딘가 홀로 갇혀 있다는 기분이 들곤 했다. 어릴 적 꿈만 꾸면 이룰 수 있다던 말은 더 이상 달콤하지 않았고 보이지 않는 벽들에 가로막혀 무력해질 때는 배신감마저 들었다. 지금 살고 있는 세상에서 현재 나의 위치는 너무나도 보잘것없고 무시당하기 쉬웠다.
사는 곳 경기도 외곽, 작은 키, 여자. 어제도 오늘도 미래에도 나는 여자라는 이유만으로 차별 받고 있다.

최근까지도 내가 여자라서 차별을 받고 있는지도 몰랐다. 어릴 때부터 맞벌이 부모님을 대신해 두 살 터울의 동생 밥 챙겨주고 설거지하고 빨래를 걷는 등 집안일은 당연히 누나인 내 몫이라고 여겼다.

어느 날 아빠와 함께 신라면을 먹는데, 후루룩 면발을 들이켜는 순간 "여자가 조신하지 못하게, 그렇게 큰 소리로 먹으면 시집 가서 구박 받아!"라며 불호령이 떨어졌다.

여기서 밑줄 친 부분이 설명하는 내용입니다. "나는 비주류였다." 이런 문장은 뭔가 있어 보이지만, 사실 비주류라는 게 뭔지에 대해서는 각자 생각하는 상이 다르죠. 모호한 표현입니다. 이런 표현으로 글을 쓰면 안 된다는 거예요. 오히려 "경기도 외곽, 작은 키, 서른을 갓 넘긴 나이, 여자"라는 팩트에서부터 글을 시작했다면 훨씬 더 힘 있는 글이 됐을 겁니다.

글쓰기에서 제일 문제가 되는 건 모호함입니다. 하나 마나 한 이야기, 어디서 많이 들어본 듯한 이야기를 또 늘어놓게 되면 나도 재미없고, 읽는 사람도 재미없어요. 그런 만큼 어떤 구체적 정황에서 시작하는 게 글쓰기가 늘 수 있는 좋은 방법입니다. 사례를 넣다 보면 나 자신도 내가 겪은 일을 객관적으로 재구성해볼 수 있어요. 내가 무슨 일을 경험했고 어떤 생각을 하는지 글로 써보기 전에는 모릅니다. 막연히 '차별 받았어' 할 게 아니라 어떤 차별을 받았는지, 어떤 말을 들었는지 구체적으로 기록하는 게 중요하다는 거예요. 그래야 내가 정말로 차별 받았는지, 아니면 차별 받았다고 생각했을 뿐인지를 알 수 있어요. 그럼으로써 잘못된 생각에서 벗어날 수도 있고요. "글을 시작할 때는 팩트에서 시작하라" "한 것, 본 것, 들은 것에서 시작하라" "내 몸이 통과한 것을 가지고 글을 쓰면 좋다"라는 걸 기억해주시면 좋겠어요. 이렇게 하면 글 쓰는 게 쉬워집니다. 추상적인 문장으로 시작하면 힘이 '빡' 들어가 너무 힘들어져요. 좀 더 편안하게 내 경험에 근거해 글을 써보는 게 좋습니다.

제가 한 부모 가정 여성들과도 글쓰기 수업을 한 일이 있는데, 그때 나온 글도 정말 좋았습니다. 한 부모 가정에는 세 종류가 있다고 해요. 사별한 사람, 이혼한 사람, 미혼모. 이 중 기간제 교사였던 분이 이렇게 시작하는 글을 쓰셨어요. "'남편은 뭐 하세요?' 면접을 보러 갔더니 교장선생님이 물었다." 이런 불필요한 질문에 계속 노출되는 게 사회적 약자들의 현실인 거죠. 이 글이 나중에 〈여성신문〉에 실려 많은 호응을 얻었고, 저도 페이스북에 이 글을 링크했는데 그때 놀란 게 링크한 글 밑에 "저도 한 부모 가정에서 자랐어요"라는 댓글이 여럿 달렸다는 사실이었어요. 그때 알았죠. '이런 상황에 놓인 분들이 정말 많구나'. 그런데 다들 말을 못 한 겁니다. 말할 계기도 없었고요.

"산문에서 모호하게 글을 쓰는 자는 대개는 허세를 부리고 자기중심적인 자다. 열린 마음과 공감하려는 태도로 자기만의 목적을 넘어서서 더 큰 목적을 달성하려고 글을 쓰는 자는 글이 명료할 수밖에 없다"(F. L. 루카스, 〈좋은 산문의 길, 스타일〉, 이은경 옮김, 메멘토, 2018). 저는 이 문장을 꼭 기억하시라고 말하고 싶어요. 모호하게 글 쓰는 걸 좋아하시는 분들이 너무 많거든요. '있어빌리티'라 해야 하나? 뭔가 있어 보이지만 알맹이는 없는 글. 이런 글은 한 세 편 정도 쓰고 나면 신물이 나서도 더 못 씁니다. 그러니 거칠어도 팩트 중심으로 쓰는 게 좋다는 말씀을 드리고 싶어요. 내가 이렇게 차별받았지만 다른 사람들은 덜 받았으면 좋겠다는 대인배 마인드로 접근하면 '소모적 글쓰기'에서 '성찰적 글쓰기'로 넘어갈 수 있습니다.

당연한 것들에 질문을 던져라

어떻게 쓰냐고요? 솔직하게 쓰면 됩니다. "예술에서 최악은 부정직한 것이다"라고 조지 오웰이 말했던데요. 저는 글을 쓸 때 사적인 얘기를 많이 쓰는 편입니다. 개인적인 얘기라는 게 알고 보면 개인적이지 않다라는 얘기를 하고 싶어서 그런 건데, 언젠가 강의에서 만난 분이 제게 이런 말씀을 하셨어요. "남편하고 사이가 좋으세요? 글을 보니 안 좋은 것 같던데……" 뭐, 아직은 남편과 살고 있습니다(청중 폭소). 어떤 분은 "어쩌면 그렇게 솔직하게 자기 얘기를 쓰세요?"라고도 묻더라고요. 그래서 제가 생각해봤습니다. '어떻게 솔직하게 쓸 수 있었지?' 제가 솔직하려고 노력한 건 아니에요. 대신 내가 겪은 일을 정확하게 쓰려고 노력했습니다. 있는 일을 정확히 복기해보자는 생각으로 글을 썼다고나 할까요? 이런 생각으로 임하다 보면 글을 어찌어찌 써내려가게 되죠. 그러니 용기를 내셔야 합니다. "문학은 용기다"라고 수전 손택이 말했죠. 어설픈 첫 줄을 쓰는 용기, 남에게 보여주는 용기, 자기의 무지를 인정하는 용기, 약점과 결핍을 드러내는 용기, 글에 대한 어떤 평가도 받아들이는 용기, 다시 글을 쓰는 용기…… 이런 용기를 계속 내셨으면 합니다.

여성이 글을 쓰기란 쉽지가 않죠. 여성의 말을 억압한 역사가 워낙 유구하니까요. 이익의 〈성호사설〉에 보면 이런 구절이 나옵니다. "독서와 강의는 장부의 일이니 부인이 이를 힘쓰면 폐해가 무궁하리라." 정말 어이가 없지 않나요? 조선 시대 사소설에 보면 "부녀자가 함부로 시사를 지어 외간에 퍼뜨림은 불가하다"는 구절도 나옵니다. 이영희의 소설 〈달아 높이곰 돋아사〉(동아출판, 1997)는 여성들이 처한 현실을 이렇게 묘사하고 있어요. "결혼은 항상 숙명과 같은 엄숙한 얼굴로 가시울타리를 치고 있었다. 아내는 그 울타리 안에서 순치된 가축처럼 고분고분 살아갈 뿐이다. 이것이 남권 사회의 순리다. 가장 무난한 방도는 회의하지 않는 일이다. 남권 사회에 있어서 여인의 회의는 독약이나 같다. 조선조 사대부 여인들에게 시가 짓기를 금한 것은 이 때문일 것이다. 문학에 눈뜨는 일은 회의에 눈뜨는 일이니까."

제도 교육의 목적은 순치된 사람을 길러내는 거죠. 질문하지 않고 순종적인 사람. 그런 사람, 그런 여성을 길러내야 조용히 부려먹을 수 있을 테니까요. 여러분이 이런 글을 읽고 화가 난다면 질문하는 일을 계속하셔야 합니다. 당연한 걸 당연하게 여기지 말고요. 이성복 시인도 말했죠. "신기한 것들에 한눈팔지 말고, 당연한 것들에 질문을 던지세요"라고요.

당연한 것에 대해 질문을 던진 사례로 한 탈가정 청소년이 인터뷰에서 한 말을 소개할게요. "우리도 편의점 많이 털었지. 배고프면 밥을 먹어야 하잖아. 돈 없으면 훔쳐서라도 먹는 게 다 살려고 그러는 거야. 근데 사람들은 '나쁜 짓 하지 마라'고만 하잖아. 그렇게 얘기하기 전에 이 사람의 환경에 도움을 준 것도 아니면서 손가락질만 하고 욕만 하잖아. 근본적으로 이 사람이 왜 이렇게 되는지 세상 사람들은 중요하지 않아. 우리를 바꾸려고 하는 게 아니라 우리를 보는 안 좋은 시선을 바꾸려고 노력했으면 좋겠다."

이 청소년은 당연한 것에 대해 질문을 던졌죠. 우리가 흔히 "도둑질은 나쁘다"라고 도덕적 판단을 내리는 것에 대해 "배고프면 먹어야지"라면서 문제 제기를 한 겁니다. 포털사이트에서는 편의점에서 물건을 훔치거나 폭행 사건을 일으킨 청소년들에 대한 기사를 흔히 접할 수 있죠. 그런데 이런 질문을 접하게 되면 이 아이들에게 함부로 욕을 할 수가 없습니다. 이 아이들은 사각 지대에 몰려 있는, 우리 사회가 돌보지 않아 튕겨져 나간 아이들이니까요. 〈파시즘의 대중심리〉(빌헬름 라이히 지음, 황선길 옮김, 그린비, 2006)라는 책에 보면 이런 구절이 나와요. "배고픈 사람이 음식을 도둑질하거나 착취당한 사람이 파업을 한다는 건 당연하다. 오히려 설명되어야 할 것은 배고픈 사람들 중 대부분이 왜 도둑질을 하지 않으며 착취당한 사람들 중의 대부분이 왜 파업을 하지 않는가 하는 사실이다." 제가 이 구절을 읽다 깜짝 놀랐어요. 탈가정 청소년이 인터뷰에서 한 말과 똑같아서요.

이번 글은 20대 여성이 쓴 글로 제목이 '왜 엄마만 미워했을까'인데, 한번 읽어보겠습니다.

딸이라는 답답함은 여전했지만 엄마와 한집에 살 때보다 관계를 객관적으로 바라볼 수 있었다. 서서히 감정이 식고 관계를 돌이켜볼 수 있는 시기에, 동아리와 학교 수업에서 페미니즘을 접했다.

은유 작가의 〈싸울 때마다 투명해진다〉와 같은 책으로 '엄마'라는 존재의 언어를 마주하며, 엄마를 재조명했다. 20년 동안 못봤던 엄마가 조금씩 보였다.

엄마는 바빴다. 엄마, 아빠는 맞벌이 부부였지만 생계의 대부분은 불안이 컸던 엄마가 책임졌다.

나는 왜 엄마만 미워했을까? 아빠 역시 밥을 차리지 않았고 나와 입시 정보를 알아보지 않았는데, 그건 당연히 엄마의 일이라고 생각했으니까. 일하더라도 밥을 차려놓아야 하고, 집이 깨끗해야 하고, 딸과 함께 입시 정보를 알아봐야 하고, 악착같이 식당 일을 하고 돌아와서도 자식들의 마음을 돌보는 건 엄마의 몫이라고 생각했다.

엄마 역시 좋은 엄마가 되기 위해 성한 곳 없이 일했음에도 밥을 못 해줘서 미안하다는 말을 항상 했다.

이 여성은 엄마한테 서운한 게 너무 많았다고 합니다. 집에 오면 항상 싸늘했고, 밥통에 밥도 없는 사춘기를 보내면서 '친구들처럼 엄마가 집에 있으면서 나를 잘 돌봐주었으면……' '어려운 입시 정보도 엄마가 잘 알아봐줬으면……' 싶었던 거죠. 그러다 〈싸울 때마다 투명해진다〉를 읽고 엄마에 대해 처음 생각해보게 됐다는 건데, 저는 이게 너무 놀라웠어요. 흔히 '엄마 마음은 딸이 알아준다'고 하는데 이것도 통념이죠. 가까이 있지만 먼 타인인 겁니다. 그랬던 여성이 책을 읽고 글을 쓰면서 '아빠 또한 아무것도 안 했는데, 왜 나는 돌봄을 당연히 엄마 몫으로만 생각하고 엄마만 미워했을까'라고 생각하게 됐다는 게 인상적이었습니다. 당연한 것에 대해 질문하면 이렇게 쓸 게 많아지는 거죠.

"글쓰기는 오만한 우리를 전복하는 일이다"라고 이성복 시인은 말했습니다. 글을 쓰면 내가 편견에 많이 갇혀 있다는 것, 생각보다 내가 아는 게 별로 없다는 것 등 여러 가지를 알게 되죠. "글을 써가면서 점차 당신은 더욱 자유로워지는 법, 생각을 말하는 법을 배우게 될 것이다. 또한, 동시에 당신은 자신에게 거짓말을 하지 않는 법, 즉 가식과 허세를 부리지 않는 법을 배우게 될 것이다"라는 브렌다 유랜드의 말도 소개해드리고 싶습니다. 모호하게 글을 쓰는 자는 자기중심적인 사람이다라는 얘기를 이분도 하고 있죠.

질문 바꾸기와 관점 바꾸기

'질문 바꾸기' 또한 글쓰기에서 중요합니다. 성폭력 피해 여성들의 경우 '내가 왜 그때 술을 마셨을까? 술만 안 마셨어도 그런 일은 없었을 텐데' 같은 생각을 많이 하죠. 그럴 게 아니라 '왜 이 사회는 성폭력을 입은 여성들에게 호의적이지 않은가?'라고 질문을 바꿔 던지자는 겁니다. 이게 왜일까요? 순결주의 때문입니다. 여성의 몸은 항상 깨끗해야 한다는 고정관념 때문이죠. 그런데 왜 여성의 몸은 깨끗해야 하는 걸까요? 이런 것들에 대해 끊임없이 질문을 해야 한다는 겁니다.

아동정신과 의사들이 쓴 책에 보면 좋은 부모가 되기 위한 십계명 중 제1번이 "좋은 엄마는 아이에게 화내지 않는다"는 거예요. 그런데 아이를 키우다 보면 엄마는 아이에게 화를 낼 수밖에 없습니다. 이럴 때는 제1계명을 따를 게 아니라 '왜 엄마는 아이한테 화낼 수밖에 없는가'라고 질문을 바꿔 던지자는 거죠. 전업주부 대부분은 아이에게 헌신합니다. 그런 만큼 아이가 내 뜻대로 따라주지 않으면 화를 내게 되죠. "내가 너한테 어떻게 했는데!" "너한테 들어간 학원비가 얼만데!" 하면서요. 그런가 하면 일하는 엄마는 일하는 엄마대로 아이에게 화를 냅니다. 하루 종일 밖에서 시달린 만큼 화가 나면 어딘가 대고 풀어야 하니까요.

사람은 보통 자기보다 약한 사람에게 화를 풀게 돼 있죠. 가부장적인 집안의 아버지들이 가정 폭력을 저지르는 것처럼요.

그러니 우리에게 명령처럼 주어진 것들을 한번 뒤집어볼 필요가 있다는 겁니다. '몸 팔아서 쉽게 돈을 버는 게 옳을까?' 흔히 성을 판매하는 여성들에게 이런 잣대를 들이대곤 하는데 이럴 때도 질문을 '쉽게 돈을 벌면 왜 안 돼?' 나아가 '정말로 쉽게 돈을 버는 사람은 누구지?'로 바꿔볼 수 있다는 거죠. '왜 어떤 사람은 생계에 필요한 지출 외에도 성을 구매하기 위한 비용을 지출할 수 있을 정도의 돈을 갖고 있는데, 왜 어떤 사람들은 성을 판매해야 생계에 필요한 지출 비용을 마련할 수 있는가'라고요[〈나도 말할 수 있는 사람이다〉(이소희 외 지음, 여이연, 2018)에서 인용]. 상황이 이런데도 우리가 도덕적 단죄를 가장 많이 하는 대상은 성 판매 여성들입니다. 그들은 말하지 않으니까요. 발언하지 않으니까요. 그러다 보니 보이지 않는 존재에 대해 엄청난 편견을 갖고 함부로 말하게 되는 거죠.

'질문 바꾸기'에 이어 또 하나 강조하고 싶은 게 '관점 바꾸기'입니다. 우리 사회는 끊임없이 '모범 어머니'를 찾아 전시하곤 하죠. 그러면서 모든 어머니가 이들을 본받아야 한다고 채찍질합니다. 그러다 보니 엄마들이 죄의식을 많이 갖게 돼요. 저도 아이에게 화를 내다 보면 '내가 왜 이렇게 엄마로서 인격 수양이 안 돼 있지?'라고 제 자신을 돌아보곤 합니다. 그런데 미국의 정신과 의사인 바바라 아몬드는 자신의 책 〈어머니는 아이를 사랑하고 미워한다〉(간장, 2013)에서 이렇게 말했어요. "당신만 아이를 미워하는 게 아니고, 그게 잘못된 일도 아니다. 한결같이 감싸주는 게 아이에게 좋은 일도 아니다. 그러니 스스로를 미워하지 말라."

엄마들은 아이를 키우면서 인격적인 성숙도 하지만 정서적인 타락도 경험합니다. 아이를 키우면서 괴물같이 된 내 모습을 봤다고 말하는 엄마들도 많아요. 특히 아이가 어릴 때 못 자고 못 먹는 생활을 계속하다 보면 여성들이 자기 공격을 많이 합니다. '남들은 다 잘 키우는데 나는 왜 이럴까' '내가 모성이 부족해' 하면서요. 이렇게 자기 공격을 하다 산후우울증에 걸리는 일도 있죠. 그런데 원래 아이 키우는 건 힘든 일입니다. 옛날에는 대가족제여서 육아 부담이 분산됐는데, 지금은 오롯이 혼자 아이를 감당해야 하니까요. 하루 종일 아이랑 씨름하면서 남편 퇴근하기만 기다리는데 일찍 집에 오겠다는 남편은 술 마시고 올 생각을 안 해, 내 전화도 안 받아, 그러면 여성들이 괴물이 될 수밖에 없는 거죠.

저는 당연하게 생각했던 내 인생의 행복에 대해, 여자로서의 삶을 바꿀 수 있는 강력한 질문이 필요하다고 생각합니다. 여자뿐만이 아녜요. 남자들도 마찬가지입니다. '나로서는 어떤 게 행복이냐'를 물어야죠. "결혼해서 애 낳고 키우는 게 행복이야"라고 엄마가 얘기했다고 그게 내게도 행복이란 법은 없습니다. 다른 사람 다수에게 행복인 게 나한테는 아닐 수도 있거든요. 그러니 자기만의 고유한 삶을 가꿔나갈 수 있는 강력한 질문이 필요하다는 겁니다. 모든 것은 질문에서 시작됩니다. 내가 불편할 때 그 부분을 놓치지 말고 글을 쓰면서 내 삶의 주도자가 돼야 하는 거죠.

글쓰기에서 또 한 가지 중요한 게 퇴고 과정입니다. 이건 아주 중요한 건 아니에요. 그렇지만 기술적인 부분인 만큼 참조하시면 좋을 것 같습니다. 여러분이 접하는 제 칼럼도 초고를 쓴 뒤 대여섯 번 퇴고를 마친 결과물이에요. 처음부터 그런 글을 쓴 게 아닙니다. 읽어보고 또 읽어보면서 논리적인 모순은 없는지, 중언부언한 대목은 없는지 점검해야 해요. 혼자 읽어봐도 잘 모르겠으면 친구한테 읽혀 보면서요. "글쓰기가 단번에 완성되는 생산품이 아니라 점점 발전해가는 과정이라는 것을 이해하기 전까지는 글을 잘 쓸 수 없다"라는 미국의 작가 윌리엄 진서의 말을 기억해주시면 좋겠습니다.

좋은 글을 쓰기 위한 '점검 질문' 다섯 가지

마지막으로 좋은 글을 쓰기 위한 '점검 질문' 다섯 가지를 소개해드릴까 하는데요. 이중 제가 가장 중요하게 생각하는 건 '글 쓴 사람이 보이는가?'라는 질문입니다. 남들이 쓸 수 있는 글은 안 써도 돼요. 사람 얼굴이 전부 다르듯 자기에서 출발하면 누구나 고유한 글을 쓸 수 있습니다. 페미니즘에 관한 글을 쓸 때도 여성학자의 글 같은 네서 어떤 대목을 끌고 와 멋을 내 쓰다 보면 자기 고유의 목소리가 나오지 않아요. 남의 흉내를 낸 글은 울림이 없습니다.

그다음으로 점검할 대목은 '질문이 들어 있는가?'와 '이 글을 통해 무엇을 말하고 싶은가?'입니다. 그러려면 남다른 문제의식이 있어야 할 테고요, 다음으로는 일관된 메시지가 있어야 합니다. 글쓰기를 할 때 저지르기 쉬운 오류 중 하나가 쟁점이 너무 많은 거예요. 하고 싶은 얘기가 너무 많은 거죠. 우리 삶은 전부 연결돼 있기에 이야기들이 가지를 뻗곤 하니까요. 그렇지만 한 편의 글에는 하나의 주제를 담는 게 좋습니다. 그래야 내가 하고 싶은 말을 명료하게 전달할 수 있어요. 다른 것도 말하고 싶을 때는 다음에 또 쓰시면 돼요. 욕심을 버리는 게 좋습니다.

네 번째로 던질 점검 질문은 '이 글이 누구에게 도움을 줄까?'입니다. 글을 쓸 때는 구체적인 독자를 상정해놓고 쓰는 게 좋아요. 고레에다 히로카즈 감독의 경우 내 딸이 몇 살이 됐을 때 이 영화를 봤으면 좋겠다고 구체적으로 생각하며 영화를 찍었다고 하던데요. 라디오 방송을 할 때도 한 명의 청취자를 상정해놓고 말을 해야지, 일반 대중을 놓고 하게 되면 말이 겉돕니다. 글을 쓸 때도 마찬가지예요. 구체적인 독자를 상정하는 건 아주 중요합니다. 그래야 글이 정보적 가치도 있고요. 인식적 가치, 다시 말해 누군가의 인식이나 생각을 바꿔놓을 수도 있습니다. 그런가 하면 정서적 가치도 전할 수 있어요. 내 글이 해당 독자를 웃게 하거나 울게 하고 정서적 울림을 줄 수 있으니까요.

다섯 번째로 '애매하게 입장을 흐리고 있지는 않은가?'라는 질문을 던져보는 것도 좋을 것 같습니다. 글을 쓸 때는 분명한 입장 표현이 중요합니다. 사실 글쓰기를 하다 보면 헷갈릴 때가 많습니다. 내가 이렇게 생각하는 것 같기도 하고 저렇게 생각하는 것 같기도 하죠. 때로는 이렇게 글을 썼다가는 악플이 백만 개는 달릴 것 같다는 생각이 들기도 하고요(웃음). 그렇다 해도 글을 쓸 때는 분명하게 쓰는 것이 좋습니다. '지금은 이렇게 생각한다'고 글을 쓴 뒤 나중에 피드백을 받게 되고 생각에 변화가 생기면 그때는 글을 다시 쓰면 돼요. 가끔 글을 읽다 보면 '뭔가 잘 쓴 글 같은데 이 사람이 하고 싶은 말은 뭐지?'라는 생각이 드는 애매한 글이 있죠. 이런 글은 쓰지 말자는 겁니다.

문학평론가 김현은 "남들이 쓰지 않는 글, 나만 쓸 수 있는 글을 쓴다"라고 말했어요. "작가란 최상의 순간에 자기 인격의 최상의 측면을 갖고 주로 글을 쓰고 실제로도 그래야 한다는 점을 기억해야 한다. 그래서 몽테뉴는 〈수상록〉 덕분에 본인이 쓴 글만큼 곧고 강직하게 살아가는 것처럼 사람들 눈에 비칠 수 있었다고 털어놓았다." 이건 제가 좋아하는 영국의 비평가 F. L. 루카스의 말인데요. 제가 글쓰기를 좋아하는 이유는 글을 쓰는 그 순간만큼은 제가 괜찮은 사람이 되는 것 같아서예요. 좀 더 나은 걸 생각하게 되니까요. 뭔가에 화가 났더라도 글을 쓰다 보면 '내가 화풀이하는 게 중요한 게 아니지. 이 경험을 어떻게 승화시킬 수 있을까?' 하면서 좀 더 사려 깊은 존재가 되는 거죠. 저는 그런 태도 내지는 자세가 매우 중요하다고 봅니다. 자기 인격의 최상위 측면을 갖고 글을 쓸 때, 비로소 성찰적인 글쓰기가 될 수 있으니까요.

예를 들어 내가 어릴 때 아버지에게 가정 폭력을 당했다 쳐요. 이런 경험을 갖고 글을 쓸 때는 아버지를 심판하고 단죄하는 자세보다는 '왜 그럴 수밖에 없었나'를 들여다볼 필요가 있습니다. 물론 아버지가 잘못한 것에 대해서는 책임을 물어야죠. 하지만 그건 사법적인 처벌을 받게 하면 될 일이고, 글을 쓸 때는 내재적으로 타인의 입장에서 문제를 보는 기회를 가져볼 필요가 있다는 겁니다. 인간이 가진 선악의 스펙트럼, 나아가 구조가 사람을 어떻게 만들어내는가에 대해 생각하면서요. 사석에서 '한남들 문제야'라고 싸잡아 매도하면 속은 후련하겠죠. 스트레스도 풀리고요. 하지만 말과 글은 달라야 한다는 겁니다. 중요한 것은 한남들을 공격하는 게 아니라 불평등한 지금의 구조를 바꿔내는 것일 테니까요. 도덕적 심판관 노릇을 하는 건 또 다른 파시즘이 될 수도 있다고 저는 생각해요. 그런 만큼 불합리한 것이 있다면 어떻게 그것을 개선할 수 있을지, 어떻게 다른 목소리를 낼 수 있을지 하는 측면에서 글쓰기에 접근할 수 있으면 좋겠습니다.

마지막으로 〈남자들은 자꾸 나를 가르치려 든다〉(창비, 2015)를 쓴 리베카 솔닛이 한 말을 인용할게요. "작가의 재능이란 사람들이 생각하는 것만큼 희귀하지 않다. 오히려 그 재능은 많은 시간 동안의 고독을 견디고 계속 작업을 해 나갈 수 있는 능력에서 부분적으로 드러나기도 한다." 가끔 제게 이렇게 물어오는 분들이 있어요. "저에게 글쓰기 재능이 있나요?"라고요. 제가 있다고 말하면 계속 쓸 것처럼. 또는 없다고 말하면 더는 안 쓸 것처럼(웃음). 그런데 누군가의 말 한 마디에 글을 안 쓸 사람이라면 그 사람은 글을 안 써도 되는 사람인 겁니다.

글쓰기를 실패 체험이라고 말씀드렸죠. 표현이 잘 안 되는 걸 표현해보려 노력하다 보면 글쓰기가 늘게 됩니다. 표현하기 쉬운 걸 표현하는 건 크게 의미가 없어요. 생각이 깊어지지도 않습니다. 글쓰기가 늘려면 언어가 실패하는 지점에서 물고 늘어져야 해요. 그러려면 허리도 아프고 눈도 아픈데 컴퓨터를 붙들고 앉아 있어야 하죠. 재능이 있느냐 없느냐는 지나치게 추상적인 접근이고, 이렇게 앉아서 글을 써낼 수 있는 끈기가 있느냐 없느냐가 중요할 것 같습니다.

마지막으로 제 고양이 '무지'의 사진을 보여드리며 강의를 마칠까 합니다. "네 무지를 알라" 할 때의 그 무지예요. 너무 예쁘지 않나요?(웃음) 제 얘기는 이것으로 마치겠습니다.

질의응답

쓰기 싫은 글도 계속 써야 하나요?

청중1 잘 써지지 않는 것에 대해 쓰는 게 좋다고 하셨는데, 은유 선생님에게 잘 써지지 않는 글은 어떤 글인가요?

은유 잘 써지지 않는 글이라…… 남편에 대한 글? 아직 함께 살고 있는 걸로 봐서는 아주 밉지는 않은 것 같은데 싫을 때도 있고, 복잡합니다. 한 사람과 한 사람이 부부로 산다는 게 뭘까 싶어요. 혼자 살고 싶기도 한데 아이가 있으니 이미 혼자 살긴 글렀다 싶기도 하고요(웃음). 배우자는 내 안에서 가장 갈등을 유발하는 사람이죠. 늘 생활로 엮여 있으니까요. 그렇다고 해서 남편에 대해 도덕적인 단죄를 내리고 싶지는 않습니다. 제가 남편 덕분에 생각을 많이 하고 살아요. 결혼 생활은 한 인간에 대해 관찰하는 계기가 되는 것 같습니다. 20년을 살았으면 어느 정도 예측 가능할 법도 한데, 여전히 잘 모르겠어요. 그래서 남편에 대한 글을 나중에 한번 써보고 싶습니다. 그 글은 제 남편에 대한 이야기이기도 하겠지만 부부로 살아가는 것에 대한 이야기이기도 할 테고, 사랑에 대한 이야기이기도 하겠죠. 실제로 부부간 감정이라는 게 무척 복잡하죠. 연민도 느껴지고, 증오도 느껴지고…….

잘 써지지 않는 글을 또 하나 예로 들자면 아까 말씀드린 성 판매 여성에 대한 글도 있습니다. 성 판매 여성이 제 글쓰기 수업에 참여한 일이 있었는데, 제가 아는 게 너무 없더라고요. 정보도 없었고, 당사자 이야기를 들어볼 기회도 거의 없었고. 그래서 요즘에는 관련 책도 보고 있는 중입니다.

청중2 쓰기 싫은데 써야 하는 상황들이 있죠. 예를 들어 '자소서'를 써야 할 때. 나를 굳이 그렇게까지 포장하고 싶지는 않은데, 뽑히려면 포장을 해야 하잖아요. 그래서 나를 많이 정당화하고 생각을 합리화하느라 힘이 드는데, 이렇게 뭔가 목적에 맞는 글을 써야 할 때면 어떻게 해야 할지 고민이 됩니다.

은유 그런 글을 쓸 때는 어느 정도 타협을 하게 되죠. 저도 직장에서 한동안 글을 썼는데, 그때는 요즘 말로 영혼 없이 글을 썼던 것 같습니다. 내가 꾸미고 있다는 걸 알면서, 기능적인 자아를 발동시켜 글을 썼던 거죠. 저는 그럴 때는 내가 지금 어느 지점에서 무슨 일을 하고 있는지, 늘 인식하며 쓰려고 노력해요. 나를 다 내주지는 않는 거죠. 내가 나를 꾸미더라도 꾸민다는 사실을 알고 있어야 해요. 이런 일이 반복되면 나중에는 내가 무슨 일을 하는지 모를 수도 있거든요. 이 단계까지 가는 게 너무 순식간입니다. 자기 자신을 잃어버리는 게요. 그런 만큼 분명한 자기 인식을 하고 있느냐 그렇지 않느냐가 중요하다는 겁니다. 자본주의 안에서 살아가려면 일정하게 타협해야 하는 부분이 있으니까요. 제가 정말 못 하는 게 관공서에서 기획서 쓰는 거예요. 비슷한 아르바이트를 4개월가량 한 적이 있었는데, 창의력도 안 생기고 죽겠다 싶더라고요. 돈을 벌어야 하기에 쥐어짜는 심정으로 하기는 했습니다만 어느 순간 결단을 내렸어요. '내가 이 일을 계속했다가는 내 글 쓰는 신경이 다 죽을 것 같다.' 그래서 그냥 사표를 내고 나왔죠. '에라, 모르겠다' 하는 심정으로요. 그런 식으로 자기 자신의 좌표를 잘 알고 있어야 합니다. 내가 어디서 누구와 무슨 거래를 하는지 알고 '내가 여기에선 이만큼 내줘야지' 하는 걸 늘 생각하고 있어야 해요. 다 뺏겨버리면 안 됩니다. 저도 아르바이트를 하면서 쓰고 싶지 않은 글을 많이 썼는데, 한편으로는 그 와중에 쓰고 싶은 글도 틈틈이 썼어요. 저 자신의 감각을 잃어버리면 안 되니까요.

청중3 글쓰기와 관련 있는 얘기는 아닌데, 강의 중에 '한남'이라는 표현을 장난처럼 쓰셨잖아요. 저도 '한남'이라는 표현을 무심코 쓰곤 했는데, 언젠가 남자 사람 친구 앞에서 '한남'이라는 말을 꺼냈다가 엄청난 비난과 혐오의 눈빛을 받았어요. 그 순간 저도 마음이 크게 상했고요. 그 뒤로는 '한남'이라는 단어를 너무 조심하게 되다 보니 한남동을 지날 때도 낯설어지더라고요(청중 웃음). 제가 한 번도 들어가보지 않은 커뮤니티에 속한 여자처럼 보이는 것에 겁이 나기도 하고요. 이 자리에 남자분들도 와 계신데, 은유 선

생님은 이런 문제에 대해 어떻게 생각하시는지 듣고 싶습니다.

은유　여성들은 반성을 너무 많이 해서 탈이라니까요!(청중 웃음) 우리 집 앞에 술집이 생겼는데 이름이 '한남포차'였어요. 그런데 어느 날 그 집엘 갔더니 미성년자를 손님으로 받았다가 영업 정지를 당했더라고요. 그래서 "이름의 저주를 받았나?" 하고 친구랑 농담을 한 일이 있어요. 술자리 모임을 하면서 일행들과 '한남' 이야길 하다가 옆자리에 남성 한 분이 앉아 있는 걸 보고 "어머, 죄송해요" 했더니 그분이 "한남이 무슨 할 말이 있겠어요"라고 농담을 하신 일도 있었고요.

이처럼 말은 나오는 맥락이 중요합니다. 어떤 말은 발화하는 것 자체만으로도 엄청난 공격이 되는데, 제가 '한남'이라고 말하는 것 자체가 생명의 위협이나 공포심을 느끼게 하는 말은 아니니까요. 괜한 분쟁을 일으키겠다 싶은 자리에서는 그런 표현을 잘 쓰지 않습니다. 이런 일로 싸워봤자 생산적인 논의로 흐르기는 어려우니까요. 다만, '한남'이라는 표현에 분노하는 분들에게 이렇게 묻고 싶어요. 여성들이 똑같이 부당한 일을 당하는 것, 쉽게 성적 농담의 대상이 되는 것에 대해서도 그렇게 분노하느냐고요. 분노가 일관성이 있는지, 아니면 자기 자신한테만 해당되는지 묻고 싶은 거죠. 여성들은 일상에서 수많은 공포와 위협을 받습니다. 제가 요즘 이주 여성에 대한 책을 읽고 있는데, 그중 충격적이었던 게 한국 남성과 결혼한 한 캄보디아 여성의 사연이었어요. 이 여성이 결혼 이후 엄청난 가정 폭력을 겪고 "너는 일꾼으로 데려온 거다"라는 애기도 대놓고 들었다고 해요. 말하기 끔찍한 일이긴 하지만 맞을 때는 주로 머리를 맞았답니다. 몸을 때리면 멍이 드니까 이 남자가 폭력을 저지른 흔적을 남기지 않기 위해 머리를 때린 거죠. 제가 가정 폭력을 당한 여성들과 글쓰기 수업을 할 때도 그런 얘길 들었어요. 몸에는 멍이 드니까 머리를 맞았다고요. 그런 만큼 이번에 이주 여성이 당한 폭력 얘기를 들으며 너무 화가 났습니다. '한남들한테는 폭행 매뉴얼이라도 있는 거야?' 싶어서요. 여성에게 가해지는 폭력은 시대 불문, 대상 불문이에요. 살인까지 이어지는 일이 부지기수예요. 남자들이 한남 소리 듣고 기분 나쁜 것과는 차원이 달라요. '한남'이란 말이 목숨이 걸린 일은 아니잖아요.

여성이 자기 언어로 자기 생각과 감정을 말하는 게 여성주의

청중4 제가 기사나 보도, 칼럼 유의 글을 주로 쓰고 있는데 가끔은 지겹다는 생각이 듭니다. '다른 장르를 써야 하나?' 하는 생각도 들고요. 은유 선생님은 새로운 장르에 도전해볼 계획이 있는지 궁금합니다.

은유 저는 제일 재미있는 글이 자기 자신에 대한 글쓰기라 생각합니다. 어떤 주제에 대해 잘 알아야 잘 쓸 수도 있을 텐데, 만약 저보고 식물에 대한 글을 쓰라 하면 잘 쓸 수가 없을 거예요. 꽃 이름도 잘 모르니까요. 아무리 표현력이 있는 사람이라도 모르는 것에 대해 글을 쓰게 되면 추상적이고 모호하게 될 수밖에 없습니다. 그런 글을 쓰다 보면 자신감이 붙질 않겠죠. 저도 직장에서 글을 쓸 때는 자신감이 많이 떨어졌어요. 자괴감도 많이 들었고요. 반면 자기 자신에 대해 글을 쓰면 자기가 설명되는 기쁨이 있어요. 여성주의라는 게 뭘까. 저는 여성이 자기의 언어로 자기 생각과 감정을 말하는 게 여성주의라고 생각해요. 지금까지는 여성들이 남성의 언어로 사고했죠. 여기서 벗어나 내 진짜 생각을 표현해보는 게 엄청난 쾌락을 줍니다. 해방감도 주고요. 눈치를 안 보게 되니까요. 그러니 자기에 대한 글을 쓰시라고 권해드리고 싶어요. 소설 쓰는 작가나 시 쓰는 작가도 자전적 글을 쓰죠. 자기 정리가 한번 되고 나면 세상 보는 눈도 투명해질 수 있어서일 겁니다. 내가 맺힌 게 많으면 있는 그대로 대상을 잘 보지 못해요. 왜곡해서 보게 되죠. 그런 만큼 자기 정리가 필요하다, 논픽션이 됐든 소설이 됐든 내가 좋아하는 방식으로 나 자신을 글감으로 해서 글을 써보시기를 저는 권하고 싶습니다. 제 경우는 그냥 논픽션이 좋아요. 제게 소설은 안 쓰냐고 묻는 분들도 있던데, 어떻게 쓰는지 모릅니다. 그냥 한 우물만 파는 걸로 하려고요(웃음).

청중5 어떤 문인이나 예술가의 결과물이 마음에 들다가도 그 사람의 개인적인 삶이나 과오, 행보 등을 보면 더 이상 그 결과물이 이전처럼 보이지 않을 때가 있습니다. 최근 들어 특히나 그런 일이 많이 일어나고 있는데, 공부를 계속하는 사람으로서 이럴 때 어떻게 해야 할지 고민입니다.

은유 저도 많이 고민하는 지점입니다. 아무리 좋은 영화라 해도 남자 주인공이 여자 주인공을 때리는 장면이 있으면 너무 싫고 몰입도 안 돼요. 예전에는 그냥 넘어갔던 영화인데도 걸리는 게 많아진 거죠. 그렇다고 모든 사람이 젠더 감수성을 장착해 아무 문제 없는 결과물을 만들어낼 수는 없겠죠. 저 또한 그렇게는 못 하고 있고요. 나름 생각을 한다고 하지만 무지로 인한 오류를 범할 수 있죠. 그럼에도 제 경우는 뭐가 문제인지 계속 생각해나가는 불편을 안고 사안에 접근하려 노력하는 편입니다. 개인적인 삶에 과오가 있는 시인의 시집이라고 전부 다 갖다버릴 수는 없잖아요. 그럴 때는 저 자신과 협상을 해서 '시인이 반생태적인 운동인 골프를 치는 걸 어떻게 생각해야 할까'라는 문제의식을 놓지 않은 채 책을 읽는 거죠. 한 사람을 신화화하지 않고요. 안타깝지만 할 수 없습니다. 인간은 불완전한 존재인 만큼 인간에게 완벽한 무결점을 요구하는 건 일종의 파시즘이라고 저는 생각해요. 그런 걸 요구하면 안 좋은 글을 쓰기 위한 '점검 질문' 다섯 가지가 될 것 같습니다. 최근 개봉한 이창동 감독의 〈버닝〉을 놓고도 남성 중심적 시각 때문에 논란이 많았는데요. 저는 이창동 감독을 좋아해서 영화를 봤습니다만, 일부 대사는 무척 마음에 걸렸어요. 이런 부분을 비판하는 글을 조만간 써야겠다는 생각도 하고 있습니다. 아쉽지만 이창동 감독도 비판받을 건 비판받으면서 스스로를 생각하는 계기가 됐으면 좋겠어요. 입체적으로 보는 시선을 갖는 게 공부의 과정이죠. 힘내세요, 파이팅!

어떻게 살아야 할지도 글쓰기를 통해 알게 돼

청중6 글쓰기를 할 때 검증이 중요하다는 말씀을 하셨는데, 직업으로 쓰는 글이 아니다 보니 친구 글을 비판하거나 잘못된 부분을 지적하기는 쉽지 않을 것 같습니다. 좋은 방법이 없을까요?

은유 저는 글쓰기 모임을 만드는 게 중요하다고 말씀드리고 싶어요. 남의 글을 비판적으로 읽으면서 글 보는 눈을 길러야 내 글의 문제도 알 수 있게 되니까요. 혼자 글을 쓰면 자폐적인 회로를 돌게 됩니다. 뭐가 문제인지도 모른 채 혼자 쓰고 혼자 불만스러워하게 되죠. 그런 만큼 다른 시선과 다른 목소리를 접하는 기회를 갖는 건 아주 좋은 일입니다. 지인끼리 모임을 가져보는 것도 좋고, 그게 여의치 않으면 언론사 독자투고란에 글을 보내거나 〈오마이뉴스〉에 시민기자로 등록해 글을 올리는 방법도 있습니다. 기사가 채택되면 글의 가치를 인정받고 원고료도 받게 되겠죠. 반대로 가치가 없는 글, 곧 메시지가 없는 글은 기각될 테고요. 저는 사보 기자를 할 때 매주 기사를 납품하면서도 다른 한편으로는 내가 쓰고 싶은 글을 〈오마이뉴스〉에 올렸어요. 내 글이 사람들에게 어느 정도 읽히는지 궁금해서요. 내 생각이 맞고, 비판받을 지점이 뭔지도 알고 싶었죠. 그런 식으로 자기 글을 공적인 장에 내보내는 게 중요하다고 저는 생각합니다. 혼자 밥을 먹을 때는 양푼에 수저 꽂아 대충 먹지만 누군가를 초대했을 때는 접시에 음식을 예쁘게 담아내는 것처럼 누군가에게 글을 보여준다고 생각할 때 글을 더 잘 쓸 수 있다고 봅니다. 단 한 편이라도 정확하게, 정성을 들여 써서 공적인 장에 내놓아라, 그래야 성장을 할 수 있다는 게 제 생각이에요. 요즘은 '브런치' 같은 툴을 이용하시는 분도 많던데, 글 쓰는 사람으로서 독자를 갖는다는 건 매우 중요한 일인 것 같습니다.

☕

청중7 저는 중학교에서 아이들을 가르치고 있는데요. 학교 일도 힘들고, 집에 와도 힘이 들어요. 집안일이 잔뜩 쌓여 있는 데다 사춘기 청소년 아이도 있어서요. 이런 삼중고, 사중고를 어떻게 돌파해야 할지 막막합니다. 예전에는 맑은 정신으로 살려 노력했던 것 같은데 지금은 아무 생각 없이 꾸역꾸역 사는 것 같기도 해요. 선생님은 이런 순간이 없었는지, 있었다면 어떻게 넘기셨는지 알고 싶어요. 어떻게 돌파구를 마련해야 하는지도요.

은유 우린 자기 자신에 대해 잘 모르죠. 내가 뭘 원하는지, 뭘 하고 싶은지 잘 모릅니다. '내가 힘들다.' 이건 사실 막연한 표현입니다. 구체적으로 어떤 상황에서 왜 힘들었는지, 누구와의 관계에서 힘들었는지 돌아봐야죠. 예를 들어 학교에 갔는데 교장선생님이랑 아침 회의 하는 게 힘이 들었을 수도 있고, 우리 반 어떤 아이 때문에 힘이 들었을 수도 있죠. 이걸 구체화하는 게 필요합니다. 그러고 나면 내가 견딜 만한 건 뭐고, 못 견디는 건 뭔지 명확해지니까요. 그런 다음 내가 양보할 수 있는 건 뭐고 끝까지 싸워서 지켜야 할 건 뭔지를 정해야죠.

저도 글을 쓰면서 뭘 버리고 뭘 지킬 것인지, 제 자신에 대해 알게 된 부분이 많아요. 그러면서 어떻게 살아야 할지에 대한 결정도 많이 했죠. 이를테면 제가 생계를 책임져야 하는 상황에 처했을 때가 그랬어요. 그 상황에서 직장을 구하고 규칙적인 수입을 택할 것이냐, 아니면 소득은 불안정해도 아르바이트를 하면서 쓰고 싶은 글을 쓸 것이냐 기로에서 갈등을 많이 했죠. 그러다 결국에는 '언제 죽을지도 모르는데 쓰고 싶은 글을 써야겠다'는 쪽으로 결단을 내렸던 거고요. 이런 결단을 내리는 힘은 글을 쓰면서 제 욕망에 대해 정확히 알게 됐기에 나왔지 싶습니다. 사실 평생 다니던 직장을 그만둔다거나 삶의 구조를 바꾼다는 건 금방 결정할 수가 없는 일이죠. 그러니 어떻게 살고 싶은지, 내가 나로 산다는 건 뭔지, 글을 쓰면서 정리할 필요가 있다는 겁니다.

지금 회사 생활이 힘들다? 그렇다면 '뭐가, 어떻게' 힘든지 반드시 알아야 해요. 내가 뭘 못 견디는 사람인지 아는 게 중요한 거죠. 제 경우에는 회사에 있을 때 내부 정치를 보는 게 너무 싫었어요. 그 밖에 다른 싫은 것들도 있었지만요. 그런데도 매달 통장에 돈이 들어온다는 이유로 참고 뭉개고 있어야 한다는 게 너무 힘들더라고요. 제 적성에 맞지도 않고, 불합리하다고 생각되는 일에 자꾸 눈을 감게 되는 일도 싫고…… 이 모두가 글을 쓰면서 생각하게 된 거예요. 질문하신 분께도 글을 써보실 것을 권하고 싶습니다. 그냥 '회사 생활 싫어' 하다 보면 답이 없어요. 글을 쓰다 보면 시간노 살 갑니다(웃음).

한국 드라마에
페미니즘을

오수경(호모드라마쿠스)

"드라마는 사회 문화의 재현이자 지향이다"

저는 강의를 하는 사람이 아니라, 강의를 기획하고 진행하는 일을 주로 하는 직장에 다니는 사람입니다. 하루 일과 마치고 퇴근한 뒤엔 드라마를 보거나 글을 쓰는 일을 하고 있어요. 드라마를 보다 보니 여러 가지 생각할 것들이 많이 생기더라고요. 덕분에 몇 년 전부터 드라마 칼럼도 쓰게 됐고 이렇게 강연도 하게 됐습니다. 개인적으로 여러분들과 드라마에 대해 얘기하고 공부할 기회가 생겨 반갑고 고맙습니다(웃음).

여러분은 하루 중 어느 때가 제일 행복하세요? 저는 퇴근해 집에 가서 씻고 드라마 한 편 보고 잘 때가 가장 행복합니다. 한국에는 드라마가 엄청 많죠. 아침부터 저녁까지 드라마가 쏟아집니다. 한때 '드라마공화국'이라는 말이 있었죠. 〈한겨레〉 기사에 이런 표현이 나옵니다. "아침부터 드라마를 보다 정신을 차리니 해가 뉘엿뉘엿 지더라!" 그렇다고 해가 지면 드라마를 안 볼까요? 아니죠. 밤에 하는 드라마를 또 볼 겁니다(청중 웃음). 이처럼 한국인과 드라마는 떼려야 뗄 수 없는 관계인데도 드라마는 우리 사회에서 오랫동안 폄훼되어왔습니다. '할 일 없는 아줌마들이 보는 장르'라는 식으로요.

정말 그럴까요? 저는 아니라고 생각합니다. 남성들의 서사는 공적인 담론으로 이야기되어왔지만 여성들의 서사는 사적으로 축소되어왔죠. 그에 따른 편견이 드라마에 고스란히 농축돼왔다고 저는 생각합니다. 저는 드라마로 사회를 관찰하고, 인간을 관찰하는 일을 하고 있는데요. 특히 드라마의 경우는 우리 사회의 변화를 미시적으로 살펴볼 수 있는 장르라고 생각합니다. 드라마가 우리 사회 문화 곁에 아주 가깝게 존재하기 때문이죠. 드라마는 우리 사회 문화가 변화하는 만큼만 변화한다는 한계를 지니기도 합니다. 대중의 시각 이상을 넘어서지는 못한다는 거죠. 다시 말해 드라마란 우리 사회 문화가 어떻게 흘러왔고 지금은 어떠한지 가늠할 수 있는 중요한 참고서라 할 수 있습니다. 물론 모든 드라마가 다 유효한 것은 아니죠. '도대체 이런 건 왜 만들었나' 싶은 대책 없는 막장 드라마도 있으니까요(청중 웃음). 오늘은 한국 사회에서 드라마가 어떻게 변해왔는지, 특히 여성의 관점에서 살펴보면서 문제의식을 공유해볼까 합니다.

그에 앞서 대전제가 있는데요. 저는 오늘 강의의 핵심을 "드라마는 사회 문화의 재현이자 지향이다"라는 말로 요약하고 싶습니다. 재현이란 조금 전 말씀드린 대로 사회 문화 현실 속에 존재한다는 것, 그 이상을 뻗어나가지는 못한다는 것을 의미하죠. 그럼에도 불구하고 주목할 것은 드라마가 하나의 지향을 제시할 수 있는 도구가 된다는 점인 것 같습니다. 이 같은 전제를 기억하면서 드라마가 과거부터 현재까지 어떻게 흘러왔는지 가늠해보도록 할게요.

먼저 1950년대 드라마부터 보겠습니다. 〈드라마, 한국을 말하다〉(김환표 지음, 인물과사상사, 2012)라고, 제가 오늘 강의를 준비하면서 주로 참조한 책이 있는데요. 이 책에 보면 한국 최초의 텔레비전 드라마는 1956년 한국 최초의 방송국 HLKZ-TV에서 방영한 〈천국의 문〉입니다. 도둑질하던 두 사람이 죽어 사후 세계에서 만난다는 뜬금없는 내용을 담은 15분짜리 드라마였는데요. 그 뒤 TBC, KBS, MBC가 개국하면서 본격적인 텔레비전 드라마가 선보이게 됩니다. 드라마는 처음부터 대중의 사랑을 받았다고 해요. 텔레비전 드라마 이전에도 대중소설 장르나 라디오 드라마가 인기를 끌었죠. 이런 걸 보면 한국인들은 원래 남의 이야기에 관심이 많은 모양입니다(웃음).

김수현의 등장과 여성 작가들 전성시대

그렇다면 드라마 중 가장 인기가 있는 장르는 무엇이었을까요? 역시 멜로드라마였죠. 멜로드라마는 당시로서는 파격적인 인기를 끌었던 신조어였어요. 1958년 〈국어 새 사전〉에 '멜로드라마'라는 단어가 정식으로 등재될 정도였습니다. 〈드라마, 한국을 말하다〉는 멜로드라마를 남성 중심 문화에서 생겨난 하위 장르로 설명합니다. 사회적으로 여성이 처한 현실과 삶, 의식에 호응할 수밖에 없는 장르였다는 거죠. 그렇다면 멜로드라마 중에서도 가장 인기 있는 소재는 무엇이었을까요? 네, 짐작하시는 대로 막장, 불륜 같은 것들이었습니다.

1969년 방영된 〈개구리 남편〉은 우리나라 최초의 불륜 드라마라 할 수 있는데요. 주인공이 무려 최불암, 김혜자 씨입니다 (웃음). 남편이 직장 신입 사원과 바람을 피운다는 내용의 드라마였는데, 당시로서는 파격적으로 키스신과 베드신을 암시하는 내용이 들어 있어 가정주부들의 격분을 일으켰다고 합니다. 심지어는 텔레비전 토크쇼에서 불륜 상대 역할을 맡았던 여자 배우와 가정주부 패널단 간에 대토론회가 벌어졌다가 양쪽이 머리채를 붙들고 싸우는 사태까지 벌어졌대요(청중 폭소). 나중에는 육영수 여사까지 나서는 바람에 본래 100부작으로 기획됐던 드라마가 60부작으로 종영됐다죠. 〈개구리 남편〉이 인상적인 건 이렇게 대토론을 이끌어낼 만큼 사회적인 영향을 끼쳤다는 점 때문일 듯합니다. 당시 가장 격렬하게 반응했던 사람들이 여성이었다는 점 또한 흥미롭죠. 〈개구리 남편〉 이후로 이처럼 '건전하지 못한' 멜로드라마들이 쏟아져 나왔다고 하는데, 그 바람에 군사정권이 이런 멜로드라마의 방영을 막았다고도 합니다.

당시 상황을 문화사적으로 연구하는 학자들은 '식민지 남성성'에 주목하기도 하는데요. 당시 방영된 드라마를 보면 홈드라마나 멜로드라마 외에 민족주의를 근간으로 한 대하드라마도 적지 않았다는 것을 알 수 있어요.

1970년대에는 〈아씨〉와 〈여로〉라는 드라마가 인기를 끌었습니다. 〈아씨〉의 경우 가난한 집 여성이 모자란 남성에게 시집가 모진 시집살이를 당하면서도 묵묵히 이겨낸다는 내용을 담고 있었죠. 그 유명한 '영구' 캐릭터의 원조가 바로 이 드라마에서 나왔습니다. 당시 〈아씨〉가 얼마나 대단한 인기를 끌었던지, 이 드라마가 방영될 때는 "문단속을 했는지, 수돗물을 잠갔는지 꼭 확인해주세요"라는 안내 자막이 나오기도 했다죠. 당시 상황을 보면 드라마는 당대의 사회적인 관습과 금기, 나아가 이를 넘나 드는 긴장을 형성하면서 적절하게 타협과 발전을 해왔음을 알 수 있습니다.

그런가 하면 이 시기 빼놓을 수 없는 게 김수현 작가의 등장이 죠. 김수현 작가는 한국 드라마를 연구할 때 매우 중요하게 여겨 지는 인물인데요. 드라마 〈여로〉가 워낙 인기를 끌다 보니 MBC 가 여기에 대항해 내놓은 작품이 김수현 작가의 〈새엄마〉였어 요. 이 작품이 왜 중요하냐면, 당시만 해도 새엄마는 나쁜 사람 이라는 사회적 인식이 강했는데 이 드라마가 그런 선입견을 뒤 엎고 여성의 재혼을 새로운 시각으로 그려냈기 때문입니다. 그 런 의미에서 〈새엄마〉는 진취적인 여성 사회극으로 평가받습니 다. 지금에야 이분이 대가족 중심의 드라마를 주로 써서 '꼰대' 취급을 받기도 합니다만, 본래 김수현 작가는 꽤 오랫동안 사회 전통과 관습에 도전하는 캐릭터와 스토리를 많이 만들었던 분 이죠.

김수현 작가의 등장이 갖는 또 다른 의미는 여성 작가의 등장입니다. 당시는 여성의 사회 진출이 굉장히 드물던 시기인 만큼 드라마 작가도 대부분 남성이었어요. 그런데 김수현 작가 이후로 여성 작가들이 등장하고, 여성의 시점에서 보는 여성의 이야기가 많이 등장하게 되었던 거죠. 물론 여성들의 이야기가 많아졌다고 해서 여성주의적인 드라마가 많아졌다는 것은 아닙니다. 김수현 작가가 등장했다고 해서 당장 혁명적인 작품이 나오거나 여성들이 〈인형의 집〉의 노라처럼 집을 뛰쳐나간 건 아니었죠. 그럼에도 불구하고 그 시대, 그 사회 속에서 이렇게라도 금기를 넘는 도전이 있었다는 점을 기억해주셨으면 합니다.

80년대의 〈사랑과 진실〉, 90년대의 〈질투〉

1970년대까지의 드라마가 여성들을 어떻게 재현했는지에 대해 이혜옥 씨가 분석한 논문이 있는데요. 이 논문에 따르면 일단 드라마에 출연하는 여성이 남성보다 훨씬 적었고, 직업 역시 남성에 비해 제한된 영역에서 차별받는 것으로 그려졌다고 합니다. 남성은 밖에서 일하고 여성은 가정주부인 식으로요. 가정에서의 모습을 그려도 남자는 거실에서 신문 보고 여자는 부엌에서 열심히 일하는 식이었죠. 사실 낯선 일도 아닙니다. 최근까지도 드라마에서 그려지는 모습 대부분이 이랬으니까요. 다만 당시엔 더 심했겠죠. 여성들의 주요 관심사를 가정이나 가족으로 한정 짓고 국가나 사회에 대한 관심은 현저하게 적은 것으로 그리는 것 또한 이 시대 드라마가 재현한 여성상이었습니다. 그러면서 수동적이고, 남성에게 복종하며, 인내심을 가지고 살아가는 전통적인 여성상을 강조했죠. 바보 온달 스토리랄까? 〈아씨〉에서처럼 여자 주인공이 모자란 남편한테 시집가 헌신하다 결국에는 성공하게 되는 이야기 또는 배신당하는 이야기가 거의 1980년대 초반까지 이어졌죠.

그러다 1980년대 중반에 여기에 도전하는 작품이 등장하는데, 바로 '죽은 사람도 살린다'고 소문이 났던 드라마 〈사랑과 진실〉입니다. 여기서 탤런트 고두심이 사자 머리 파마를 하고 나와 유명해졌는데요. 이 드라마도 김수현 작가가 썼습니다. 드라마 내용은 지금 보면 엄청 진부해요. 출생의 비밀을 지닌 자매가 서로 신분이 바뀌면서 벌어지는 사건들을 그린 내용이었죠. 그런데 이 드라마에서 주목할 만한 것은 여기 나오는 여성들이 다 욕망하는 존재들이었다는 겁니다. 드라마 속 여성들은 바로 크풍 가구들로 꾸며진 거실에서 홈드레스를 입고 도도한 자세로 앉아 남자를 깔보는 듯한 대사를 날리곤 했죠. 이처럼 〈사랑과 진실〉 속 여성들은 기존 드라마 속의 지고지순한 여자 주인공들과 달리 도발적이면서 욕망을 가진 존재로 그려졌다는 점에서 주목을 받았습니다.

조금 전에도 말씀드렸지만 이런 흐름이 등장한 원동력은 누가 뭐래도 여성 작가들이 많이 등장했기 때문이었어요. 이로 인한 비판도 많이 등장하게 됩니다. 드라마가 지나치게 여성 편향적이라는 식으로요. 당시 신문들을 보면 요즘 드라마의 단골 메뉴는 부유층의 사랑 놀음이라는 둥, 텔레비전 드라마 속 얽히고 설킨 애정 문제에 현기증을 느낀다는 둥 각종 비판을 쏟아냈음을 알 수 있죠. 얼핏 보면 고개가 끄덕여지는 비판이기는 합니다. 여자들끼리 서로 배신하고 감정 싸움 하는 드라마는 요즘에는 너무 많아 지겨우니까요.

하지만 1980년대에는 달랐습니다. 당시 상황에서는 이런 내용이 엄청나게 신선했을 것입니다. 이전에는 볼 수 없었던 새로운 여성상이었으니까요. 여성 작가가 많아졌다고 해서 그 자체가 드라마적 진보로 바로 연결되는 것은 아니었겠지만, 당시의 시대적 한계를 감안하자면 저는 여성 작가에 의해 여성들이 재현됐다는 것 자체를 이 시기의 주요 흐름으로 보고 싶습니다. 덕분에 복수도 하고, 욕망도 하고, 배신도 하는 여성들이 등장할 수 있었으니까요.

1990년대에 접어들면 이런 흐름이 또 한 차례 변하게 됩니다. 1990년대는 사회문화사적으로 중요한 시기죠. 경제 성장이 폭발적으로 이뤄지고 문민정부가 들어서면서 'X 세대'나 '오렌지 세대' 같은 세대 개념이 본격적으로 등장한 게 이 시기입니다. 이 시기 등장한 대표적인 드라마가 바로 1992년에 방영된 〈질투〉였어요. 〈질투〉의 주인공 최수종·최진실이 주로 어디서 만났는지 아세요? 바로 편의점입니다. 편의점에서 라면을 먹다 만나거나, 편의점 앞 파라솔에서 우연히 마주치는 식이었어요. 제 기억이 맞는다면 우리나라에 편의점이 들어온 것이 1980년대

중반 이후입니다. 따라서 아직은 편의점 문화가 익숙지 않던 시기였는데, 드라마가 이런 식으로 젊은 세대의 문화를 적극적으로 끌어들였던 거죠.

이런 드라마를 트렌디 드라마라 불렀는데, 그전까지 드라마의 주요 시청층이 중년 이상이었다면 〈질투〉 이후 등장한 이런 트렌디 드라마로 인해 젊은 층들이 드라마 시청층으로 대거 유입되는 현상이 나타나게 됩니다. 그 뒤 한국 드라마는 주중의 트렌디 드라마, 주말과 아침의 가족 멜로극으로 양분된 채 현재까지 이어져 오고 있죠.

기성세대가 보기에는 이런 트렌디 드라마가 너무 가볍고 인스턴트적이었던 모양입니다. 당시 전북대 강준만 교수는 드라마 〈질투〉에 대해 이런 비판을 남겼어요. "사랑도 아이스크림을 먹듯이 부드럽게 소비할 수 있는 것일 수 있다는 메시지를 던져준다. 갈등과 고민은 바닐라 아이스크림을 먹느냐, 딸기 아이스크림을 먹느냐 하는 정도의 것에 지나지 않는다. 〈질투〉를 도덕적으로 단죄하는 건 어리석다. 그것은 '소비자본주의'의 공세이자 발현으로서 이미 우리의 생활에 깊숙하게 침투해 있다."

이런 기성세대의 비판 속에서도 트렌디 드라마는 무궁무진하게 발전하게 됩니다. 그 뒤 나온 작품이 〈우리들의 천국〉 〈내일은 사랑〉 〈느낌〉 〈마지막 승부〉 〈사랑을 그대 품 안에〉 같은 것들이었죠. 저는 이런 드라마 때문에 대학 가면 다들 놀고먹는 줄 알았어요. 대학 캠퍼스에는 강동건이 있을 줄 알았고요 (청중 웃음).

페미니즘과 계급 간 로맨스가 공존한 90년대

1990년대 드라마에서 빼놓을 수 없는 또 하나의 흐름이 바로 페미니즘이었습니다. 여성의 관점에서 진보주의적인 드라마들이 나오기 시작한 거죠. 1990년대에는 사회적으로 젊은 페미니스트들이 등장하기 시작했습니다. 각 캠퍼스를 중심으로 페미니즘 책읽기나 토론회의 물결이 일어나게 됐죠. 이런 흐름이 드라마에도 영향을 미칩니다. 1993년 〈세계일보〉에 이런 기사가 났어요. "TV 드라마에 페미니즘 물결이 거세게 일고 있다. 전문직 여성을 드라마에 등장시키는 것은 이미 일반화됐고, 일부 드라마는 여성 문제를 다루면서 극중 인물을 통해 정면으로 여성해방론을 펼치고 있다." 신문 기사 어조가 뭔가 굉장히 불편한 것 같죠?(청중 웃음)

이때 등장한 드라마가 〈여자는 무엇으로 사는가〉 〈여자의 방〉 등입니다. 여성의 삶을 재조명하면서 '결혼한 남성과 여성이 평등한가?'와 같은 질문을 던지는 드라마들이었죠. 그중 〈절반의 실패〉라는 드라마가 눈에 띕니다. 〈절반의 실패〉는 여성 문제를 정면으로 다루는 옴니버스 드라마였는데요. 각 회차별 제목이 놀랍습니다. 고부 갈등, 맞벌이 부부, 성의 소외, 폭력 남편, 혼인 빙자 간음, 이혼녀, 재혼, 혼수, 혼전 순결, 의처증, 과소비 여인 등 등. 지금 봐도 굉장히 논쟁적인 주제들이죠. 그런데 이런 제목을 내걸고 드라마를 방영했으니 남자들이 얼마나 불쾌했겠어요? 결국 이 드라마는 주의 조치를 받습니다. 드라마 속 남자들이 가정에 무심하거나 바람둥이로 그려진 걸 현실 속 남성들이 못 견뎌한 거죠. 자기가 고발당했다고 생각한 건지, 비현실적이라고 생각한 건지…….

어쨌거나 드라마는 이처럼 시대별로 조금씩 변해옵니다. 그 첫 번째 원동력은 앞서 말씀드린 대로 보다 체계적이고 전문화된 여성 작가들의 등장이었을 테고요, 또 다른 중요한 원동력으로는 여성들의 구매력 상승을 들 수 있습니다. 문화는 구매력이 어디에 있느냐에 따라 움직이게 돼 있으니까요. 그런 만큼 여성의 사회적 지위가 어떻게 변화하느냐에 따라 드라마도 조금씩 변해왔다고 할 수 있겠죠.

다른 한편으로는 남성 가부장 중심의 전통 관습을 조금 다르게 보는 드라마도 등장했어요. 대표적인 예가 김수현 작가의 〈사랑이 뭐길래〉였는데요. 이 드라마가 특이했던 건, 전통 관습에 익숙한 대발이네 가족과 민주적인 지은이네 가족을 대비시켜 두 개의 가족상을 보여줬다는 점에서였습니다. 지금은 이런 상반된 가족 형태가 우리한테 익숙하죠. 주말 드라마를 보면 온갖 다양한 형태의 가족이 나오니까요. 하지만 당시로서는 시청자들에게 지은이네 가족이 너무나 이상한 가족이었던 겁니다. '왜 저렇게 딸하고 아빠하고 친밀하지?' 싶었겠죠.

〈아들과 딸〉이라고, 최수종과 김희애가 주연을 맡았던 드라마도 이 시기에 나온 드라마 중 주목할 만합니다. 이 드라마는 남아 선호 사상으로 가득한 전통 가족이 첫이들인 귀남이(최수종 분)

의 성공에 '몰빵'하면서 나머지 딸들을 희생시키는 내용을 다루었죠. 요즘 식으로 표현하면 '고구마를 백 개는 먹은 것 같은' 기분이 들게 하는 드라마였다고나 할까요? 며칠 전 지인과 〈아들과 딸〉 얘기를 나눴는데, 그분 말씀이 자기는 지금도 그 드라마만 생각하면 너무 열 받는다는 거예요. 그만큼 충격이 컸던 드라마인 셈인데요. 저는 이런 흐름이 형성됐다는 걸 중요하게 여깁니다. '왜 아들을 위해 딸들이 희생돼야 하지?'라는 불편한 질문을 하게 되었다는 것이죠. 이 드라마는 아들이 불행해지고 딸은 스스로 행복해지는 것으로 결말이 납니다. 이 드라마에는 가족에 대한 개념이 달라지기 시작한 사회 분위기가 영향을 미쳤던 것 같습니다. 문화가 폭발하던 1990년대였던 만큼 이렇게 다양한 드라마들이 생겨났던 거죠.

그런데 1990년대 후반부에 와서 이런 흐름이 다시 한 번 요동을 치게 됩니다. 1997년 IMF 외환 위기와 2007년 세계 금융 위기의 영향 때문이었죠. 저는 지금까지도 한국 드라마들이 이들 사건의 영향권에서 벗어나지 못하고 있는 건 아닌가라는 생각도 듭니다. 이들 두 차례의 경제 위기로 인해 문화적으로 들끓던 사회가 혼란의 시기로 이행하게 되는데요. 이 시기의 드라마적 특징을 꼽아보자면 복고 소재가 많이 나왔다는 점을 들 수 있을 것 같습니다. 사회가 절망에 빠졌던 시기에 희망적인 메시지를 줘야 하다 보니 외환 위기 직후에는 〈육남매〉 〈파랑새는 있다〉처럼 역경을 딛고 가난을 이겨내면서 그 안에서 행복을 찾아가는 내용의 드라마들이 많이 등장했죠. 일제 강점기를 배경으로 한 〈야인시대〉처럼 주인공이 싸우는 모습을 통해 시청자들이 대리 만족을 느끼면서 스트레스를 해소하는 드라마들도 등장했고요. 이런 흐름이 지금까지도 이어지고 있다는 거죠.

재벌 남성과 가난한 '캔디 여성'의 로맨스를 다루는 드라마도 대거 등장하게 됩니다. 이건 바로 한국 사회가 계급 사회가 됐다는 것을 상징한다고 봅니다. 한국 사회가 계급 사회로 진입하면서 서로 다른 계급에 놓인 남녀의 사랑을 드라마 소재로 다루게 됐다는 건데, 이 분야에는 장인이 한 분 계세요. 김은숙 작가라고요(웃음). 〈파리의 연인〉으로 시작해 지금껏 활발하게 활동 중인 분이시죠. 〈파리의 연인〉 이후의 드라마들은 이 장르적 문법에서 크게 벗어나지 않습니다. 재벌 남성과 가난한 캔디 여성의 로맨스라는 장르를 변형하거나 아니면 아예 대놓고 반복하는 중이죠.

이런 작품 중 제가 좋아하는 게 〈파리의 연인〉과 〈발리에서 생긴 일〉입니다. 혹시 〈파리의 연인〉 결말, 기억하시나요? 이것 때문에 김은숙 작가가 살해 위협도 받았다고 하던데요(웃음). 드라마 내용 전체가 여자 주인공인 강태영(김정은 분)의 꿈이라는 게 결말이었어요. 소설을 쓰다 잠든 상태에서 꾸었던 로맨스 판타지가 드라마 줄거리였던 거죠. 이걸 본 사람들이 얼마나 괘씸했겠어요? 가뜩이나 어려운 일상에서 벗어나 드라마를 방영하는 한 시간 동안만이라도 꿈을 꿔보려 했던 건데, 작가가 마판에

"야, 꿈 깨! 이건 판타지야"라면서 세트장을 확 밀어버린 격이니까요. 그 바람에 '〈파리의 연인〉 결말 트라우마'라는 것도 생겼습니다. 요즘도 드라마가 좀 이상한 방향으로 간다 싶으면 "이거 〈파리의 연인〉처럼 가는 거 아냐?"라면서 시청자들이 불안해하곤 하죠(웃음).

〈발리에서 생긴 일〉은 더 무서워요. 여기에는 삼각관계가 등장합니다. 재벌이지만 불행한 정재민(조인성 분), 흙수저지만 사회적 신분 상승 욕망을 품은 강인욱(소지섭 분), 그리고 그 사이에서 갈팡질팡하며 자기 욕망에 따라 움직이는 이수정(하지원 분). 드라마는 결말에서 이 세 명을 다 죽여버립니다. 이 드라마에서는 이수정 캐릭터가 좀 이상했죠. 정재민과 강인욱, 둘 다 사랑합니다. 그러다 이수정이 강인욱과 여행을 떠났는데, 그 자리에 나타난 정재민이 두 사람을 죽이고 자기도 자살하는 스토리였죠. 저는 〈파리의 연인〉과 〈발리에서 생긴 일〉의 결말을 좋아합니다. 이런 종류의 드라마는 견고해지는 계급 사회에 대한 절망과 판타지가 우리 사회에 공존한다는 걸 보여주니까요.

이런 흐름 한편에 등장한 게 막장 드라마예요. 넓게 보자면 초반에 말씀드린 〈개구리 남편〉도 막장 드라마에 속한다고 할 수 있을 것 같은데요. 저는 개인적으로 막장 드라마가 매우 흥미롭습니다. 막장 드라마에 대한 사회적 연구가 꼭 이루어져야 한다고 생각해요.

막장 드라마계에는 '3대 장인'이 있습니다. 문영남, 임성한,

김순옥. 이 세 작가는 각각 결이 다른 작품 세계를 갖고 있는데요. 지금은 아쉽게도 이중 김순옥 작가만 남아 있습니다. 임성한 작가는 절필 선언을 했고, 문영남 작가는 시대에 너무 뒤떨어진다며 방송사에서 편성을 거부했으니까요. 막장 드라마 애호가로서는 아쉽기만 한데, 어쨌거나 저는 이들 드라마가 막장성을 띨 수밖에 없었던 이유로 사회적 스트레스를 들고 싶어요. 사회적 스트레스가 그만큼 컸기에 막장성도 더해졌겠죠.

외환 위기 이후 가부장 사회의 붕괴 반영한 가족 드라마
페미니즘 관점에서 막장 드라마를 보면 재미있습니다. 막장 드라마 속 여성들은 어찌 보면 구조에서 탈락한 여성들이라 할 수 있어요. 남성 중심의 가족에서 탈락한 여성, 또는 그로 인해 죽을 뻔한 여성들이 얼굴에 점 하나 찍고 복수하러 나온다는 게 이들 막장 드라마의 주된 내용이죠. 여기서 중요한 포인트는 사적 복수입니다. 이들 여성은 왜 사적 복수를 꾀하게 됐을까요? 공적으로는 불가능해서였겠죠. 공적 시스템이 자신을 보호해주지 않기에 사적 복수를 택하게 됐을 겁니다. 이런 것들이 막장성으로 나타났다는 건데요. 제가 생각하기에 IMF 외환 위기가 가져다준 거의 유일한 긍정적인 사회 변화가 있다면, 그것은 가부장 중심 가족 체계에 균열이 생겼다는 점일 것 같습니다.
　제가 두 번째로 좋아하는 장르가 주말 가족 드라마인데요. 여기서도 이런 현상을 볼 수 있습니다. 주말 가족 드라마를 보면 한국 사회의 평균을 볼 수 있죠. 주말 가족 드라마의 주된 시청층은 한국 사회에서 가장 보수적인 계층입니다. 사회 변화에 가장 둔감한 중년과 노년층이 주로 주말 가족 드라마를 보니까요. 이걸 뒤집어 생각해보면, 가족 드라마가 변화했다는 건 정말 큰 변화인 거예요. 최근 방영된 주말 드라마들을 보며 저는 가부장제 사회에 점점 균열이 생기면서 무너지고 있다는 생각을 하게 됐습니다.

2016년에 방영된 〈아이가 다섯〉이라는 드라마에는 이혼 뒤 아이 셋을 데리고 사는 워킹맘과 사별 뒤 아이 둘을 데리고 사는 워킹대디가 남녀 주인공으로 등장했어요. 이들이 만나 결혼을 하고 새 가정을 꾸리는 내용을 담은 드라마였죠. 옛날 같으면 이들 주인공은 재혼하면서 엄청난 저항을 맞이했을 겁니다. 그 안에서 벌어지는 무수한 갈등이 드라마의 주된 흐름이었을 테고요. 그런데 〈아이가 다섯〉에서는 이런 장면이 별로 등장하지 않습니다. 그보다는 결혼 뒤 새로운 가족 형태에 이들이 어떻게 적응하는지를 교훈적으로 보여주었죠.

2017년에 방영한 〈아버지가 이상해〉라는 작품도 주목할 필요가 있습니다. 이 드라마 속 아버지는 정말로 이상해요. 아침마다 밥을 차려 자식들을 먹입니다. 집안의 모든 일은 아내와 상의하거나 가족회의를 거쳐요. 가족회의에서 자식들이 반대하면 부모가 하려던 일도 안 하는 참으로 민주적인 가족이죠. 이 드라마에서 또 한 가지 특이한 게 장남과 장녀의 관계입니다. 드라마

속 장남은 가정에서 실제적인 역할을 거의 못 해요. 오히려 장녀인 변혜영(이유리 분)이 모든 걸 척척 알아서 합니다. 그런가 하면 변혜영은 '결혼 인턴제'를 도입하겠다면서 남자친구 앞에서 브리핑을 하기도 해요. 결혼 계약서를 작성해 일 년을 살아본 뒤 재계약 여부를 결정하자는 내용으로요. 기존 드라마에서라면 절대 수용되지 않았을 내용이죠. 계약서에는 시부모에게 요구하는 역할도 있습니다. 이걸 받아들이지 못하는 시부모와 계속 갈등하고 협상하면서 나름대로 제도를 정착시켜 나가는 게 이 드라마의 주된 내용이었어요. IMF 외환 위기 이후 사회적 격변기를 거치면서 우리 사회에는 결혼을 당연하게 여기는 부모 세대와 결혼을 불가능하다고 여기거나 선택의 문제라고 생각하는 자식 세대가 공존하고 있죠. 이에 대한 주말 드라마적인 해법으로 등장한 게 이 드라마 속 결혼 인턴제가 아닐까 싶었습니다.

최근에는 〈황금빛 내 인생〉이라는 주말 드라마도 있었는데요. 이 드라마에서는 아예 가족이 해체 선언을 합니다. 이 드라마는 IMF 외환 위기 이후 몰락한 가족, 가족이지만 사실상 가족으로서의 역할을 하지 못하는 가족을 다뤄요. 그러다 보니 온 가족이 결국 각자도생할 수밖에 없게 되고, 힘겨워하던 아버지는 '가장 졸업'을 선언합니다. 딸은 딸대로 "가족이라고 꼭 같이 살아야 하나요?"라면서 딸로서 그간 주어졌던 역할을 거부하고 집을 나가버리고요. 종국에는 가족 드라마답게 훈훈하게 마무리되긴 했습니다만, 저는 이 드라마를 보면서 '더 이상 가부장 중심의 정상 가족은 존속이 불가능하지 않나?'라는 생각을 했어요.

이 드라마에서 특히 인상 깊게 본 장면이 두 가지였는데요. 흔히 주말 드라마에는 3대가 모여 다 같이 식사를 하는 장면이 등장하곤 하죠. 그런데 이 드라마에는 그런 장면이 나오지 않았어요. 그런가 하면 주말 드라마가 종영될 때면 그간 벌어졌던 모든 갈등을 해결한 가족들이 한자리에 모여 과거를 회상하며 '하하호호' 훈훈하게 마무리하는 게 이제까지의 관행이었죠. 그런데 이 드라마는 헤어졌던 남녀 주인공이 외국에서 우연히 만나는 장면으로 끝을 냈어요. 참으로 가족 드라마답지 않은 결말이었죠. 이걸 보면서 '가족이라는 개념이 정말 많이 희박해지고, 대신 개인이라는 개념이 강해졌구나'라는 생각이 들었습니다. 이 드라마는 특이하게도 제목에 '내 인생'이라는 표현을 썼는데요. 제가 찾아봤더니 KBS 주말 가족 드라마 중 '나' 또는 '내 인생'이라는 제목을 내건 드라마는 이게 최초였어요. 시대가 그만큼 많이 변했다는 거죠.

가부장제를 뚫고 나온 새로운 인류, 여성 노동자

가부장 중심 가족 구조에 균열이 생겼다는 건 여성들이 사회로 많이 나오게 됐다는 뜻이기도 합니다. 드라마에도 유의미하고 주체적인 사회적 개인으로 성장하고 있는 여성들이 대거 등장하고 있는데요. 그중 대표적인 인물로 〈직장의 신〉의 '미스 김'을 꼽을 수 있습니다. 〈직장의 신〉 1회에 이런 내레이션이 나와요. "IMF 16년 후 기간제·비정규직·계약직이라는 새로운 인류가 탄생했다." 드라마가 언급한 새로운 인류 대부분이 여성인 거죠. 기간제·비정규직·계약직이라는 이름의 여성들.

미스 김 주변에는 3개월 차 계약직인 정주리를 비롯해 재계약을 위해 임신 사실을 숨기는 5년 차 계약직 박봉희 등의 인물이 등장합니다. 저는 이 여성들이야말로 죽어버린 가부장제를 뚫고 나온 새로운 인류라고 생각하는데요. 물론 드라마에서 당장 가부장제를 타격하거나 대안을 창출하는 사회적인 존재가 등장하지는 않죠. 그러기까진 시차가 있을 테니까요. 대신 드라마는 완만하게 발전하고 있는 셈입니다. 가부장이라는 세계는 죽었지만 남성은 여전히 헤게모니를 잡고 있죠. 보편의 경험과 시선을 독점하고 있습니다. 드라마에 아무리 여성 작가들이 많아지고 페미니즘적 비평이 많아진다 해도 그 헤게모니를 당장 물리칠 수는 없을 거예요.

이런 현실 속에서도 드라마가 기존 관습과 문화에 어떻게 저항하고 있는지 보려면 드라마에 등장하는 일하는 여성에 주목할 필요가 있다고 저는 생각합니다. 그간 드라마 속 여성들은 가정주부 내지 사무직 여성처럼 굉장히 포괄적인 개념으로 다뤄져왔죠. 하지만 IMF 외환 위기 이후 외벌이로만 생활하기가 불가능해지면서 여성들이 사회 속으로 불려나올 수밖에 없게 되자 드라마 속 여성들도 굉장히 다양한 사회적 활동을 하게 됩니다. 비혼, 맞벌이, 워킹맘 등으로 여성 캐릭터가 굉장히 세분화

돼 나타나기 시작한 거죠. 그러면서 파티셰 김삼순(〈내 이름은 김삼순〉)이나 성우 최미자(〈올드미스 다이어리〉)처럼 그전에는 볼 수 없었던 직업을 가진 여성들이 드라마에 등장하게 됩니다. 최근에는 〈욱씨남정기〉의 주인공 옥다정(이요원 분)처럼 아예 대기업을 뛰쳐나와 중소기업에 가서 회사를 일으켜 세우는 여성도 등장했고요.

〈시그널〉〈아르곤〉〈비밀의 숲〉 같은 드라마에 등장하는 여성들도 마찬가지입니다. 그동안 연애 대상으로 소비되던 여성들이 연애하지 않으면서 서사의 중심을 이끄는 위치에까지 이르게 됐다고나 할까요? 그간에는 이런 우스개가 있었죠. "미드(미국 드라마)의 의사는 병원에서 진료를 보고, 일드(일본 드라마)의 의사는 병원에서 교훈을 얻고, 한드(한국 드라마)의 의사는 병원에서 연애를 한다"고요. 이전의 한국 드라마에서는 여성이 어떤 직업을 가졌건 모두 연애 대상으로 소비되곤 했어요. 그런데 최근 드라마에는 연애하지 않고도 존재할 수 있는 그런 여성들이 등장하게 된 거죠.

'페미니즘 리부트'라고 들어보셨나요? 2016년 강남역 살인 사건 등 여러 변곡점을 지나면서 페미니즘이 리부트됐다는 의미로 영화평론가 손희정 선생님이 이런 표현을 쓰셨던데요. 그렇다면 페미니즘 리부트 시대에 한국 드라마는 어떻게 전개되고 있을까요? 우선 〈굿 와이프〉〈미스티〉〈밥 잘 사주는 예쁜 누나〉를 살펴볼까요?

먼저, 미국 드라마를 리메이크한 〈굿 와이프〉나 한국 작가가 쓴 〈미스티〉는 불륜과 미스테리라는 외피를 쓰고 있어요. 〈굿 와이프〉 〈미스티〉의 여자 주인공 모두 바람을 피우는데, 안을 들여다보면 이 여성들이 사회에서 살아남기 위해, 또는 성공하기 위해 얼마나 많은 일들을 겪어야 하는지가 실감나게 그려집니다. 〈굿 와이프〉의 여자 주인공 김혜경(전도연 분)은 본래 변호사였지만 결혼 이후 전업주부로 살다가 남편이 모종의 사건에 휘말리면서 다시 변호사로 성장하게 되죠. 〈미스티〉의 여자 주인공 고혜란(김남주 분)은 최고의 뉴스 앵커가 되기 위해 엄청난 루머에 시달립니다. "새끈하게 주고 화끈하게 받는다"는 식으로요. 과연 현실 속 남자 앵커가, 예를 들어 손석희 아나운서가 성공하기까지 이런 말을 들었을까요? 아닐 겁니다. 남성들의 노력은 노력 그 자체로 인정되니까요. 이런 루머에 시달리면서도 위로 올라가기 위해 고혜란은 분투합니다. 저는 특히 인상적으로 본 게 처음엔 경쟁적인 관계로 피 터지게 싸우던 여성 앵커와 고혜란이 후반 들어 협력하게 되는 장면이었어요.

그런가 하면 〈밥 잘 사주는 예쁜 누나〉는 35세 직장 여성의 삶을 공들여 재현한 드라마입니다. 저는 이 드라마에서 남자 주인공인 정해인과의 로맨스보다 이 부분을 더 흥미롭게 보았어요. 실제로 드라마가 35세 직장 여성의 삶을 비교적 잘 재현해냈다는 생각도 들었고요. 특히 드라마 여자 주인공인 윤진아(손예진 분)와 동료들이 경험하는 사내 정치나 사내 회식 접대 장면은 너

무 리얼합니다. 이런 장면 자체가 동시대 여성들이 무수히 견뎌
온 직장 내 여성 차별과 혐오의 현장을 드러냈죠.

새로운 여성 공동체, 새로운 모성 그리고 새로운 가족까지
한 가지 더, 이 드라마가 잘 드러낸 것은 여성들의 연대였습니
다. 드라마 속 여자 주인공은 처음에 동료들 사이에 '윤탬버린'
이라 불립니다. 어찌 보면 명예 남성처럼 가부장적인 직장 문화
에 잘 적응하고 살았기 때문이죠. 분당에서 잘 자란 중산층 여
성답게 '나만 아니면 돼'라는 무사안일주의에 빠져 살았던 것
일 수도 있고요. 그랬던 윤진아가 어느 날 "이제는 그런 거 안 한
다"고 선언하며 '미투'의 당사자가 됩니다. 결국에는 실패하긴
하지만요. 윤진아는 어떻게 이렇게 성장할 수 있었을까요? 물론
남자 주인공과의 사랑도 중요한 계기였습니다만, 저는 직장 동
료 등 여성들의 연대가 있었기에 윤진아의 성장이 가능했다고
봅니다. 그간의 드라마는 여성들의 연대를 이렇게까지 보여주
지 않았어요. 우정이나 연대는 남성들의 것이었기 때문이죠. 남
성들이 연대를 외치는 자리에 여성들은 없었습니다. 오히려 여
성들의 관계는 '여적여' 곧 '여자의 적은 여자'라는 식으로 재현
되곤 했죠. 그런데 〈밥 잘 사주는 예쁜 누나〉는 그간 남성들이
전유했던 우정과 연대의 개념을 여성들도 공유하게 된, 그런 드
라마였다고 평가하고 싶습니다.
　드라마가 여성을 재현하는 방식에서 두드러지게 나타난 변화

로 또 한 가지 꼽고 싶은 것은 여성들의 공동체 서사가 많아졌다는 점입니다. 2015년 방영된 〈착하지 않은 여자들〉이라는 드라마에는 요리 연구가 강순옥(김혜자 분)이 주인공으로 나오는데요. 강순옥과 그의 세 딸이 함께 살고 있는 집에 어느 날 한 여성이 등장합니다. 지금은 집을 나간 강순옥의 남편과 한때 불륜 관계를 맺었다고 알려진 여성이죠. 어찌 보면 내연녀와 함께 살면서 지지고 볶는 내용이라 할 수 있는데, 드라마는 강순옥의 딸들을 포함해 이 여성들이 서로 용서하고 화해하는 과정을 보여줍니다. 그런가 하면 〈디어 마이 프렌즈〉는 살날보다 죽을 날이 더 가까운 노년 여성들의 공동체를 다뤘죠. 〈청춘시대〉는 벨에포크 쉐어하우스에 모여 사는 청년 여성들의 공동체를 다뤘고요. 이렇게 삶을 공유하는 게 아니라 복수를 공유하는 공동체도 등장했죠. 드라마 〈부암동 복수자들〉에는 재벌가 딸, 재래시장 생선 장수, 대학교수 부인, 재벌가의 숨겨진 아들 등이 나오는데 나중에는 이들이 계급과 성별을 뛰어넘어 공동의 복수극을 벌이죠. 드라마 대사에 따르자면 '가족보다 나은 남'으로서요.

이런 드라마들이 재현하는 여성 공동체의 특징은 남성의 역할이 축소되거나 배제된, 비혈연의 평등한 공동체라는 점이에요. 혈연·남성 중심의 위계에 따른 공동체와는 정면으로 배치되는 거죠. 여성 공동체가 많아진 현상은 가부장제가 실패했다는 역설로도 볼 수 있을 것 같습니다. 여성들의 공동체는 가부장 사회가 가진 폭력과 모순을 드러내는 역할을 하니까요. 이처럼 남성 중심, 혈연 중심의 정상 가족 담론이 더는 보편적일 수 없다는 문제의식 한가운데 놓인 드라마가 최근 방영된 〈마더〉입니다. 저는 감히 '2018년의 드라마'로 〈마더〉를 꼽고 싶은데요. 그만큼 문제작이라 다들 꼭 보셨으면 좋겠습니다.

이 드라마에는 제목대로 매우 다양한 엄마가 나옵니다. 그런데 모두 독특해요. 아이를 버린 엄마, 그 아이를 구하고 엄마가 되기로 한 엄마, 엄마가 되기로 한 그 엄마를 어릴 때 입양한 엄마, 다시 그 엄마를 버린 엄마 등등…… 여기서 중요한 건 혈연 중심의 정상 가족 시스템 안에서 구성된 모성의 전형성을 이 드라마가 다 해체하고 있다는 겁니다. 이 드라마에 나온 엄마 중에는 좋은 엄마도 있고, 나쁜 엄마도 있어요. '저게 엄마인가' 싶은 엄마도 있죠. 그러면서 그간 남성 중심 사회가 '엄마란 이런 거야' 내지는 '모성애는 이런 거야'라고 공식처럼 정해놓은 걸 다 뒤흔들어버립니다. 대신 새로운 가족, 새로운 공동체를 제시하죠. 여기에서 혈연은 전혀 중요하지 않습니다. 드라마 속 영신(이혜영 분)에게는 세 명의 딸이 있는데, 이게 전부 자기가 낳은 딸이 아니에요. 입양하거나 그냥 데려다 키우는 딸들입니다. 그런데 심지어는 자기가 낳지 않았다는 사실까지도 까먹고 살아요. 있는 그대로를 사랑하는, 가장 강력한 형태의 모성성을 보여주는 거죠. 저는 이 드라마야말로 비혈연을 넘어 탈脫혈연, 무無혈연까지도 이야기하는 굉장히 급진적인 드라마라고 생각합니다. 포스트 가부장제 시대의 새로운 모델을 보여줬다고나 할까요.

드라마가 사회적 이슈와 만날 때

이런 드라마들이 진공 상태에서 변화한다고는 생각하지 않습니다. 여성들의 변화가 사회적인 담론과 맞물리면서 드라마도 변화해가는 거죠. 예를 들어 호주제가 폐지된 게 2005년인데, 그 직전인 2000년대 초반 무렵 호주제를 정면으로 비판하는 드라마가 굉장히 많이 나왔습니다. 〈아줌마〉〈노란 손수건〉〈그대 아직 꿈꾸고 있는가〉…… 이들 드라마는 호주제에 대해 아주 직접적으로 비판을 가했어요. 물론 이런 드라마가 있어 호주제가 폐지된 것은 아니겠지만, 드라마가 사회적인 담론과 적극적으로 만날 때 사회적 변화에도 기여할 수 있다는 말씀을 드리고 싶은 겁니다.

반대 사례도 있어요. 1994년에 〈M〉이라고, 심은하를 주인공으로 한 드라마가 방영됐는데, 이 드라마를 본 날은 제가 방에서 혼자 잠을 못 잤어요. 너무 무서워서요(웃음). 〈M〉은 낙태당한 아이의 기억 인자가 여자 주인공의 몸을 숙주 삼아 세상에 복수한다는 내용을 담고 있었어요. 강력한 낙태 반대 메시지를 담고 있는 내용인지라 당시 종교계가 이 드라마를 엄청나게 환영했었죠. 특히 천주교에서요. 개신교 쪽은 심은하 눈에서 녹색 빛이 나오는 걸 문제 삼아 반기독교적이라고 반대했었다고 해요. 반면 천주교 쪽에서는 너무 좋은 드라마라며 나중에 방송국에 감사 메시지까지 전달했다고 들었습니다. 심지어는 신부님이 드라마 마지막 편 내레이션을 하기도 했어요. "지금두 세상에 빛을 보지 못하고 죽어가는……" 운운하는 내용으로요. 더 압권은 "〈M〉의 공포에서 벗어나세요"라는 피임약 광고 카피였습니다(청중 웃음). 이 드라마는 어찌 보면 이중의 메시지를 갖고 있었던 듯해요. 낙태 반대 메시지가 그중 하나라면 또 하나는 여아 살해에 대한 경고였달까요? 1990년대 초반은 여아 낙태를 많이 하던 시기였습니다. 드라마 속에서도 이렇게 낙태된 여아의 기억 인자가 나중에 성인 여성의 몸속에서 깨어나는데, 그 계기가 여성이 강간당하는 순간이었어요.

그런가 하면 드라마 하나 때문에 역사에 길이 남아 박제될 신문 광고가 실리기도 했죠. 〈인생은 아름다워〉(2010) 방영 당시 '참교육 어머니 전국 모임·바른 성문화를 위한 전국 연합'이라는 데서 낸 신문 광고인데, 광고 제목이 "〈인생은 아름다워〉 보고 '게이' 된 내 아들, ADIS로 죽으면 SBS가 책임져라!"였어요 (청중 실소). 이 또한 김수현 작가 작품이었는데, 이 드라마 전체가 동성애를 다룬 것도 아니고, 작중 주인공의 자녀 중 하나가 동성애자였을 뿐인데 이런 난리가 났던 거죠. 김수현 작가는 '내 자식 중에 저런 애가 있겠구나' 싶어 이런 내용을 다루게 됐다고 해요. 참 쿨하죠. 하지만 동성애 반대 운동 진영은 이 드라마를 이런 식으로 적극 활용했습니다. 〈인생은 아름다워〉는 아직까지도 동성애 반대 운동에 굉장히 많이 활용되는 드라마예요.

여전히 남성 중심적 시각에 갇힌 드라마들

그렇다면 요즘의 사회적 이슈와 드라마는 어떻게 만나고 있을까요? 최근 눈에 띄는 건 성폭력 문제를 다룬 드라마가 많아졌다는 것입니다. 2016년 강남역 살인 사건 이후 SNS를 중심으로 '#○○○계_내_성폭력' 같은 해시태그 운동이 벌어지고, 이게 급기야는 '미투' 운동, '미투' 혁명으로 이어졌는데, 이런 흐름을 반영한 드라마들이 적지 않습니다. 성폭력의 위험을 드러내거나, 이에 대해 보다 적극적으로 말하고 행동하는 여성들이 등장하기 시작한 거죠.

드라마 〈청춘시대1〉에서는 여자 주인공 중 한 사람이 남자친구에게 이별을 고했다가 납치되고 폭행당하는 장면이 나옵니다. 〈청춘시대2〉에서는 여자 주인공의 친구가 초등학교 때 선생님에게 성추행을 당했는데, 그 뒤 불행하게 살다 자살했다는 사실을 알고 여자 주인공이 친구를 대신해 선생님을 고발하는 내용이 다뤄졌죠. 드라마 〈마녀의 법정〉에서는 여자 주인공의 어머니가 20년 전 성고문 사건의 피해자로 나오기도 했습니다. 성폭력 사건 전담 검사이기도 한 여자 주인공이 피해자로서의 어머니와 만난다는 설정이었죠.

그런가 하면 노희경 작가가 쓴 드라마 〈라이브〉에서는 성폭력 사건의 피해자였던 여자 주인공이 경찰이 돼 또 다른 성폭력 피해자를 돕는 역할로 나왔죠. 〈라이브〉는 지구대 경찰들의 일상을 다룬 드라마였는데, 그중 큰 비중을 차지한 게 가정 폭력·

아동 폭력·집단 성폭력 등 여성과 약자들이 당하는 사회적 폭력이었습니다. 신임 판사 박차오름(고아라 분)이 여자 주인공으로 등장한 〈미스 함무라비〉에서는 여성들이 일상적으로 당하는 폭력을 미러링하는 장면이 나오기도 했습니다. 저는 앞으로도 여성들이 현실 속에서 어떤 폭력적인 상황에 놓여 있는지 재현하는 이 같은 드라마가 많이 나오게 되지 않을까 싶어요.

이런 드라마들이 보여주는 변화와 달리 드라마 속에서 지긋지긋하게 반복되는 담론들도 있어요. 때로는 변화가 느린 정도를 넘어 오히려 퇴행하고 있는 건 아닌가, 의심이 들 때도 있습니다. 저는 IMF 외환 위기 이후 지난 20년 동안 우리 사회의 많은 부분이 경직되고 급진성이 약화되면서 과거보다 정교한 저항 내지는 백래시가 출현하고 있다는 생각이 듭니다. 어찌 보면 "여성을 때리지 말라" "여성의 몸을 몰래 촬영해 유포하지 말라" "남녀 차별하지 말고 수사하라" 같은 구호가 2018년에도 나온다는 현실 자체가 한심하죠. 그런데 드라마에서 또한 이런 현실이 반복해 재현되곤 합니다.

이런 의미에서 제가 비판적으로 보고 싶은 드라마가 〈밥 잘 사주는 예쁜 누나〉와 〈나의 아저씨〉인데요. 저는 안판석 감독을 굉장히 좋아합니다. 그래서 그가 연출한 〈밥 잘 사주는 예쁜 누나〉도 큰 기대를 걸고 봤어요. 그런데 막판으로 갈수록 너무 속이 상해 드라마를 볼 수가 없더라고요. 앞서 말씀드린 대로 이 드라마는 35세 직장 여성의 현실과 여성들의 우정·연대를 잘 보여준 편이에요. 그런데 결국 여자 주인공 윤진아가 홀로 서려던 서사는 한계에 부딪치고 맙니다. 윤진아의 독립 실패기랄까? 어찌 보면 부모에 의해 성장이 거세된 자식 세대의 이야기 같다는 생각도 들었어요. 드라마가 막바지로 갈수록 윤진아가 부모 반대에 제대로 저항하지 않고, 본래 사귀던 남자와 헤어진 사이에 다른 남자를 만나는 등 굉장히 수동적이면서 애매한 태도를 보였거든요. 이걸 보며 저는 '여성을 모욕하려는 드라마인가?' 싶기도 했어요. 주인공의 성장이 결국에는 멈춰버렸으니까요. 그런 의미에서 〈밥 잘 사주는 예쁜 누나〉는 사회 속에서 여성이 의미 있게 성장하는 서사를 보여준다는 게 얼마나 힘든지를 알려준 드라마 같기도 해요.

〈나의 아저씨〉는 좀 더 정교하게 퇴행한 드라마입니다. 이 드라마는 남녀 주인공이 각각 40대 중반 아저씨와 20대 여성으로 설정됐다는 것 때문에 제작 단계에서부터 욕을 먹었죠. 당시 이른바 영포티Young Forty(트렌드에 민감한 40대 남성을 일컫는 신조어) 논쟁이 한창이었으니까요. 그러면서 '자기 자신을 무한 긍정하는 개저씨가 2018년에 웬 말이냐'라는 비판이 SNS를 중심으로 일기도 했죠. 하지만 방영 이후 이 드라마는 큰 인기를 얻었습니다. 〈나의 아저씨〉를 '인생 드라마'로 꼽는 사람들이 등장할 정도였죠. 저도 이 드라마를 꼼꼼히 본 편이에요. "한번 보고 나면 생각이 달라질 거야"라고 설득하는 사람들이 주변에 워낙 많아서요(웃음). 실제로 이 드라마를 보며 감동한 부분이 많습니다.

드라마 속에 촘촘히 박힌 인간적인 모습들도 좋았고, 사회적 약자들이 서로를 보듬어주며 곁이 되어주는 과정도 잘 그려졌다고 생각해요.

하지만 제가 내린 결론은 이 드라마가 남성 중심의 서사로 이루어진 퇴행적인 드라마라는 것입니다. 남성 중심 서사 자체가 나쁘다는 건 아니에요. 하지만 이 드라마 속 여성들의 서사는 납작하게 재현이 됩니다. 시청자들은 박동훈(이선균 분)을 비롯한 '삼형제'나 그들이 속한 조기 축구회 남성들에게 더 감정이입을 하게 돼 있죠. 그러면서 삶에 지친 남자 주인공 박동훈은 이해해도 그의 아내 강윤희(이지아 분)가 바람을 피우는 이유는 이해하지 못하게 됩니다. 사실, 드라마 속 박동훈은 원가족에서 벗어나지 못한 인물이에요. 결혼해 자기 가정을 꾸렸음에도 자기 앞가림을 못 하는 형과 동생을 대신해 원가족의 실질적 가장 역할을 합니다. 그러다 보니 아내가 소외되고 외로울 수밖에 없었던 거죠. 제가 특히 거슬렸던 건 가난한 20대 여자 주인공(이지은 분)이 안전하게 그려졌다는 거였어요. 현실 속 가난한 20대 여성은 안전할 수가 없습니다. 그런데 이 드라마에서는 안전해요. 왜냐하면 여기 나오는 40~50대 남성들이 굉장히 착하고 무해하게 그려졌기 때문이죠. 그러면서 "아저씨들은 이렇게 착하고 안전해"라는 식의 메시지를 전하는데, 저는 이게 굉장히 비현실적인 남성 판타지라고 생각합니다.

〈나의 아저씨〉를 쓴 작가(박해영)의 전작 중 〈또! 오해영〉이라는 작품이 있었는데, 이 드라마 또한 폭력적인 클리셰를 사랑으로 포장해 많은 비판을 받았죠. 이 드라마에는 두 명의 오해영이 나옵니다. 한 오해영(서현진 분)은 못생겨서 놀림을 받고, 다른 오해영(전혜빈 분)은 너무 잘나서 남성의 시선에 갇혀 불행한 삶을 살죠. 30대가 되도록 사춘기 시절의 상처를 간직하면서요. 다시 말해 이들이 갖고 있는 상처의 원인은 두 여성을 평가했던 남자들입니다. 그런데도 두 여성은 서로에게 그 원인을 찾아요. 오해영이 또 다른 오해영을 증오하는 거죠. 그러면서 상처에서 벗어날 수 있는 길로 찾아낸 게 남성의 사랑을 획득하는 겁니다. 저는 이것이야말로 남성 중심적인 재현이라는 생각이 들어요. 우리는 의식적으로 이런 시각에서 벗어날 필요가 있습니다. 그런 의미에서 한국 드라마에는 더 많은 페미니즘이 필요하다고 저는 생각합니다. 그나마 위안이 되는 건 퇴행이 정교해진 만큼 문제의식도 촘촘히 쌓이고 있다는 거예요.

사회적 개인, 합리적 대안자로서의 여성을 기대하며

좀 더 적극적으로 문제 제기를 하면서 "저건 아니야" "저건 폭력이야"라고 말할 수 있는 언어들이 많아졌다는 점 또한 고무적이죠. 2016년 국제앰네스티와 문화 매거진 〈아이즈〉가 '한국 드라마 속 로맨스의 폭력적 클리셰 10'을 발표했는데요. 억지로 잡아끌기, 고성 및 언어 폭력, 강제로 들쳐 메기, 벽에 밀치기, 난폭운전, 물건 던지거나 부수기, 무턱대고 찾아가기 등이 여기 포함

됐습니다. 한 예로 배우 임수정 씨를 유명하게 만든 드라마가 바로 〈미안하다 사랑한다〉(2004)였는데요. 이 드라마에 보면 남자 주인공(소지섭 분)이 송은채(임수정 분)를 납치하면서 "밥 먹을래, 나랑 살래! 밥 먹을래, 나랑 죽을래!"라고 외치는 장면이 나와요. 당시 이 장면을 놓고 "너무하지 않으냐"는 소수 의견이 나오긴 했습니다만 대다수는 별 문제의식 없이 넘어갔습니다. 당시 시대 분위기가 그랬던 거죠. 그런데 임수정 씨가 최근 한 매체와 인터뷰를 하면서 "지금 생각해보니 그건 굉장히 폭력적인 장면이었다"라고 고백한 내용이 있더라고요. 저는 이게 매우 긍정적으로 느껴졌습니다. 과거엔 그냥 넘어갔던 걸 돌아볼 수 있을 정도의 문제의식과 언어를 이제는 갖게 됐다는 얘기니까요.

최근 드라마에는 페미니즘을 적극적으로 배치하는 장면들이 나옵니다. 드라마 〈미스 함무라비〉는 박차오름 판사의 책장을 보여주곤 하는데, 자세히 보면 페미니즘 책들이 꽂혀 있어요. 이건 아마도 의도한 배치일 거예요. "이 드라마는 페미니즘적인 문제의식을 가지고 전개하겠습니다"라는 메시지를 책장을 통해 전달하고 있는 거죠. 여자 주인공이 안경을 썼다는 것도 인상적입니다. 그간 드라마 속 여성의 안경은 멸시의 개념으로 재현되곤 했죠. 뚱뚱하거나 남자들에게 인기가 없는 여성들은 안경을 끼거나 뽀글뽀글하게 파마머리를 한 이상한 모습으로 나오곤 했습니다. 그러다 이런 여성들이 외모적으로 각성을 했다는 걸 보여주는 틀에 박힌 장면이 안경을 벗고 나타나는 거였어

요. 긴 생머리에 화장을 하고서요. 그런데 〈미스 함무라비〉에서
는 일하는 여성이 계속 안경을 끼고 나옵니다. 여성 판사도, 여
성 속기사도 계속 안경을 끼고 있죠. 저는 이것이야말로 아무것
도 아닌 듯하지만 의미 있는 변화라고 생각합니다.

　물론 늘 그런 건 아녜요. 2018년에 방영한 〈이별이 떠났다〉라
는 드라마 홈페이지에 나오는 인물 설명인데 한번 읽어볼게요.
"대학생. 발랄한 성격의 정효 친구. 남식을 은근히 짝사랑하면
서도 자존심이 세 표현하지 못한다. 페미니스트적인 성향을 보
이며 거의 여성우월주의라 해도 무방할 정도로 여성에 대한 애
착을 가지고 있다." 여기에서 말하는 페미니스트란 대체 뭘까
요? 이런 걸 접하다 보면 드라마에서 페미니즘이 어떻게 비치는
지 앞으로도 주의 깊게 지켜볼 필요가 있겠다는 생각이 듭니다.
그런가 하면 〈기름진 멜로〉라는 드라마에서는 한 등장인물이
지나가듯 "아, 요즘 미투다 뭐다 시끄러운데 나한테 그러면 안
돼"라고 말하는 장면이 나와요. 이 경우는 '미투'를 비꼬는 건지
아닌지 애매하더라고요.

좋은 드라마는 질문하게 만든다

지금까지 한국 드라마가 어떻게 변해왔는지 살펴봤는데요. 길
게 말씀드리긴 했습니다만, 요지인즉 여성들이 역사 속에서 드
라마의 변화를 주도해왔으되 어떤 부분에서는 전통적이고 관습
적인 재현 안에 머무르기도 한다는 것이었습니다. 그 과정에서

한계나 저항에 부딪치기도 하겠지만, 그럼에도 불구하고 드라마 속 여성들이 조금씩 성장해왔다는 점에 주목해야 할 것 같습니다. 사실 드라마라는 게 한계가 많긴 하죠. 여전히 가부장 체계 안에서 관습적인 재현을 반복하는 측면도 있고, 이성애적 로맨스의 한계를 벗어나지 못하는 측면도 있습니다. 〈슬기로운 감빵생활〉 같은 예외적 경우를 제외하면, 동성애를 재현한 드라마는 이제껏 거의 다 주의 조치를 받았죠. 한국이 이미 다문화 사회가 됐는데 이런 문화나 사회의 하층 구조를 제대로 보여주지 못하고 있다는 점 또한 드라마의 한계라고 생각됩니다.

그럼에도 불구하고 제가 강조하고 싶은 것은 드라마는 대중이 변하는 만큼 변한다는 점입니다. 그래서 드라마에 대한 비판력을 더 키워야 한다는 생각이 듭니다. 우리가 흔히 어떤 작품은 '망작'이라면서 아예 무시하고, 어떤 작품은 '띵작(명작의 속어)'이라면서 막 찾아보곤 하는데요. 저는 전적으로 망작인 작품도 없고, 전적으로 '띵작'인 작품도 없다고 생각합니다. 막장 드라마에서도 중요한 통찰을 얻을 수 있듯 어떤 드라마에든 다양한 메시지가 들어 있죠. 그런 만큼 '망작'과 '띵작' 사이, 즉 비평의 언어와 공간을 더 확장해야 한다는 게 요즘의 제 고민입니다.

최근 제가 드라마 속 여성들이 어떻게 변화해왔는지에 대한 글을 쓸 일이 있었는데, 거기서 쓴 표현이 "'아버지의 집'에서 나와 '합리적인 대안자'로"였어요. 그 부분을 읽어볼게요.

드라마 속 여성들이 사회적 존재가 되고 다양하게 분화했다는 사실은 그 여성들이 성 역할, 계층, 섹슈얼리티 등 그동안 '남성 사회'의 경험과 관점에 의해 독점·재현되어온 서사를 여성 당사자의 관점과 언어로 재구성하게 되었다는 점에서 중요하다. 아드리안 리치의 말대로 '언어가 있는 곳에 세계가 있'기 때문이다. 그렇다면 한 걸음 더 나아가 드라마 속에서 여성은 더 나은 방향으로 변화할 수 있을까? '아버지의 집'에서 나와 나의 세계를 구축하고 연대하는 '합리적인 대안자'로서의 여성의 출현을 기대한다.

-오수경, "드라마 속 여성은 어떻게 변화했을까?," 〈문학3〉

크게 보자면 우리 드라마 역사는 가부장제 사회를 어떻게 극복할 것이냐, 포스트 가부장 사회를 어떻게 열 것이냐를 놓고 갈등해왔다 할 수 있겠죠. 그 속에서 여성들이 제 위치를 찾으려면 '사회적 개인' 내지는 '합리적 대안자'로 존재해야 하지 않을까라는 생각을 해봅니다.

안판석 감독이 언젠가 이런 말을 했어요. "드라마를 본다는 건 사실 참 의미 있는 시간이라고 생각해요. 중요한 건 드라마를 통해 답을 제시하는 게 아니라 인간을 의문 속으로 빨려 들어가게 하는 거죠"라고요. 좋은 드라마는 질문을 하게 합니다. 당연하게 여겨온 것들을 당연하지 않게 여기게 하는 힘을 갖고 있죠. 그런 의미에서 저는 드라마가 페미니즘과 잘 어울린다고 생각

합니다. 페미니즘 또한 당연하게 여겨온 것들을 "아니야"라고
비판하는 능력에서 출발하는 거니까요. 드라마와 페미니즘은
그런 의미에서 만날 수 있다고 생각합니다.

아무쪼록 좋은 드라마 많이 보시고 행복하게 사셨으면 좋겠
습니다(청중 박수).

질의응답

혹시 페미니즘과 관련된 사극도 있나요?

청중1 전 사극을 굉장히 좋아하는데, 혹시 선생님께서 페미니즘 메시지를 접하셨던 사극 작품도 있었나요?

오수경 〈대장금〉이 대표적이었습니다. 그전까지는 〈조선왕조 오백년〉처럼 왕을 중심으로 전개되는 사극이 대부분이었죠. 그런데 〈대장금〉에서는 평민 여성의 성장 서사를 보여주었고, 롤 플레잉을 하듯 특정 미션에 성공하고 나면 그다음 미션이 제시되는 식의 구조가 흥미로웠습니다. 제가 인상 깊게 봤던 또 하나의 사극은 〈뿌리 깊은 나무〉였어요. 이 드라마는 세종대왕이 한글을 창제하는 과정을 다루고 있는데, 여기에서 중요한 역할을 한 인물이 바로 신세경 씨가 연기한 말 못 하는 여인(소이)이었죠. 이 여인이 조정 대신들의 반대를 뚫고 치마폭에 한글을 적어 옮긴 덕분에 한글 해례본이 민중에게 전해질 수 있었다는 게 드라마 내용이었습니다.

청중2 드라마라는 게 재미있게 보다가도 불편한 지점이 생깁니다. 마음이 분산되는 게 느껴질 때도 있고요. 오수경 선생님은 어떨 때 불편함을 느끼시나요?

오수경 그게 딱 잘라 구분하기는 어렵죠. 〈또! 오해영〉의 경우 저도 처음에는 열광하면서 봤어요. 주변에 보라고 막 추천도 했죠. 그런데 8회를 넘어가니 '도저히 못 보겠다'는 생각이 들어 딱 끊었습니다. 그러고는 〈또! 오해영〉에 대한 드라마 비평 칼럼을 하나 썼죠. '여성을 혐오한 여성'이라고. 그 뒤로는 누군가에게 드라마를 추천할 때 무척 조심하게 돼요. 그렇다고 드라마를 볼 때 페미니즘적인 관점에서 촉을 세우고 보는 건 아닙니다.

최근에는 〈밥 잘 사주는 예쁜 누나〉를 보면서 갈등을 했어요. 이 드라마는 처음부터 불편하게 보는 분들이 있었어요. 황진미 칼럼니스트 등이 비판적인 칼럼을 쓰기도 했죠. 그런데 저는 말씀드린 대로 안판석 감독을 워낙 편애하고 있었던지라 '뭔가 있을 거야'라면서 드라마를 옹호했어요. 주변 사람과 토론까지 벌이면서요. 그런데 뒤로 갈수록 죄책감이 드는 거예요. 내가 처음부터 페미니즘적인 관점이 부족했던 건 아닌가라는 생각도 들었고요. 〈나의 아저씨〉를 볼 때는 오히려 그 반대라서 마음이 불편했습니다. '내가 너무 페미니즘적인 강박에 사로잡혀 좋은 점을 제대로 못 보는 것 아닌가' 갈등하며 자문하곤 했죠.

어떤 시각으로 드라마를 봐야 하나요?

청중3 저도 요즘은 피로감 때문에 드라마를 잘 못 보겠어요. 페미니즘도 하나의 렌즈다 보니 어려움이 좀 있더라고요.

오수경 일단 드라마는 봐야 합니다. 옹호를 하든, 비판을 하든 일단 봐야 '이 드라마는 이런 내용이구나, 이런 지점은 잘못됐구나'라고 얘기할 수 있죠. 그런데 요즘에는 아예 보지도 않고 젖혀버린다는 분들이 적지 않은 것 같습니다. 저는 그게 많이 아쉬워요. 비평의 공간이 많이 부족해진 영향도 있는 것 같습니다. 옛날에는 DC인사이드를 중심으로 드라마갤(드라마 갤러리)이 활성화돼 있어서 그 갤러리에 접속하면 드라마에 대한 각종 풍부한 해석을 접할 수 있었죠. 드라마의 한 장면 한 장면을 꼼꼼히 해석하는 사람도 많았고, 그걸 2차 콘텐츠로 만들어 유포시키는 사람도 많았어요. 누가 시키지도 않았는데 말이죠. 심지어 드라마 제작 현장에 '조공(팬들이 십시일반해 간식 등을 사가는 행위)'을 가자거나 드라마 DVD를 만들자는 움직임이 자발적으로 생기기도 했습니다. 일례로 트렌디 사극인 〈탐나는도다〉(2009)라는 드라마가 어쩌다 주말 가족 드라마 시간에 잘못 편성이 되는 바람에 본래 20부작이었는데 16부작으로 조기 종영된 일이 있었어요. 이걸 보고 열 받은 드라마 팬들이 소비자 운동을 벌여 DVD 제작을 이끌어낸 일도 있었죠. 당시 초판본을 저도 가지고 있습니다(웃음).

과거엔 이런 식의 소비자 겸 비평가가 굉장히 많았는데 요즘에는 이런 분들을 찾아보기가 어렵다 보니 드라마를 판단할 수 있는 기준 자체가 모호해진 듯해요. 그냥 클립 형태로 드라마를 소비하고 끝나죠. 최근에는 한 시간 내내 드라마를 보기보다 화제의 장면을 찾아보는 식으로, 내 입맛에 맞는 장면만 소비하고 마니까요. 저는 이런 부분이 많이 아쉽습니다.

☕

청중4 비평이 쓸모없는 것처럼 치부되기도 하는데 우리가 드라마를 어떤 방식으로 봐야 하는 걸까요?

오수경 쉽지 않은 문제죠. 〈나의 아저씨〉처럼 전통성에 기반을 둔 작품은 어느 시대에나 생겨날 수밖에 없고, 어느 시대에나 받아들여질 수밖에 없을 것 같습니다. 그렇다고 늘 페미니즘적인 더듬이를 세우고 드라마를 본다는 건 굉장히 피곤한 일이겠죠. 사실, 우리가 피곤하려고 드라마를 보지는 않잖아요. 하루의 피로를 풀기 위해 시원한 맥주를 마시면서 즐길 수 있는 드라마를 원하죠. 모든 드라마마다 문제의식을 갖고 보려 했다가는 본인이 지칠 겁니다. 저는 강의 때 말씀드린 대로 막장 드라마도 많이 봐요. 거기서 시대 흐름을 읽어낼 수 있으니까요. 다양한 드라마를 많이 보다 보면 그 안에서 스스로의 안목을 기를 수 있지 않을까, 저는 생각합니다.

다양한 드라마를 통해 사회적 안목을 기를 수 있어야

청중5 좋아하는 드라마를 한 편 추천해주신다면?

오수경 너무 어려운 질문이네요. 얼마 전에 한 팟캐스트에 출연

했을 때 인생 드라마가 뭐냐는 질문을 받았는데, 제가 그걸 어떻게 뽑느냐고 했어요. 이걸 뽑으면 저게 아쉽고, 저걸 뽑으면 이게 아쉬운데요(웃음). 그럼에도 불구하고 최근 몇 년 사이 방영한 드라마 중에서 추천작을 하나 꼽는다면 저는 〈풍문으로 들었소〉(2015)를 들고 싶어요. 〈밥 잘 사주는 예쁜 누나〉를 만든 안판석 감독이 연출한 작품인데, 저는 굉장히 혁명적인 드라마라고 느꼈습니다. 사회적인 의미도 강하고, 대안적인 사회에 대한 메시지도 있어요. 이 드라마 때문에도 더더욱 3년 뒤 나온 〈밥 잘 사주는 예쁜 누나〉가 아쉬웠죠. 〈풍문으로 들었소〉의 여자 주인공은 끝내 집을 뛰쳐나가 새로운 사회를 건설했는데, 〈밥 잘 사주는 예쁜 누나〉의 여자 주인공은 왜 다시 집으로 기어들어간 걸까요? 도저히 납득이 안 되는 결말이었던지라, 제게는 이 드라마가 '왜 이렇게 퇴행했을까'라는 의문과 아쉬움으로 남아 있습니다.

청중6 페미니즘적인 관점에서 〈미스 함무라비〉 등 최근 등장한 드라마들의 의의를 얘기해주셨는데요. 이런 드라마들이 너무 사이다처럼 통쾌한 결론을 이끌어내려는 쪽으로 흐르는 건 아닌가 하는 비판도 제 주변에서는 제기되곤 합니다.

오수경 〈미스 함무라비〉 1회에는 부장판사가 성폭력 피해를 당한 여성의 평소 옷차림을 지적하자 배석판사인 여자 주인공이 일부러 니캅(무슬림 여성이 착용하는 베일)을 입고 등장하는 장면이 나옵니다. 크게 화제가 된 장면이죠. 이걸 보면 이 드라마는 굉장히 순수할 정도로 분명한 의도를 드러냅니다. '이 드라마는 페미니즘 관점에서 이야기를 풀어갈 거고, 앞으로도 이런 내용을 보여줄 거야'라고 예고한 거나 마찬가지니까요. 그런가 하면 이 드라마에서는 여자 주인공이 의도적으로 남자 판사들을 미러링에 노출시키는 에피소드도 나옵니다. 여자 주인공과 미리 약속을 주고받은 시장 아주머니들에게 성희롱적 발언을 당한 남자 판사들에게 변화가 생기죠. '아, 내가 잘못 생각했었구나'라고 깨달으면서요. 저는 이런 부분들이 좋은 사회적 학습 효과를 가져올 수 있으리라 기대합니다. 남성들은 이런 상황을 이해할 수 있게 되고, 여성들에게는 자신들의 상황을 설명할 수 언어가 생기는 셈일 테니까요.

다만, 저는 〈미스 함무라비〉의 드라마적 재현이 너무 교훈적이거나 설명적이어서 손발이 오글거릴 때가 있어요. 이 드라마 원작이 〈미스 함무라비〉라고 현직 판사(문유석)가 쓴 소설인데, 드라마 대본도 이분이 직접 쓰셨어요. 이걸 보면서 가끔은 '약은 약사에게, 진료는 의사에게' 하듯 드라마 대본은 작가에게 맡기는 게 좋겠다는 생각도 해봅니다(웃음). 교훈적이고 설명적인 부분이 반복되다 보면 시청자들도 피로감을 느낄 수 있으니 이런 함정을 잘 피해갈 수 있으면 좋겠습니다.